Hanns Lilje

Im finstern Tal

Hanns Lilje

Im finstern Tal

Rückblicke auf eine Haft

Unter Mitarbeit von Arnulf H. Baumann,
Horst Hirschler und Harry Oelke
herausgegeben von Hans Otte

LVH

Bildnachweis:

Privatbesitz Hafermann-Lilje: 117, 118, 119, 121, 122, 123, 126, 129, 133, 134, 135, 136, 137, 138
Landeskirchliches Archiv Hannover: 120, 125, 128, 130, 131, 132
Landesbildstelle Berlin: 124
Archiv für Kunst und Geschichte, Berlin: 127

Deutsche Bibliothek – CIP-Einheitsaufnahme

Im finstern Tal : Rückblicke auf eine Haft / Hanns Lilje. Unter Mitarb. von Arnulf Baumann ... Hrsg. von Hans Otte. – Hannover : LVH, 1999

Titelgestaltung: Martin Türk, Weenzen
Satz und Druck: Missionshandlung Hermannsburg
ISBN 3-7859-0781-8

Inhalt

Zum Geleit

Das hatte sich ihm tief eingeprägt, die Zeit im Gefängnis, die Nächte mit den Flieger-alarmen und den gebundenen Händen, im wörtlichen Sinn und übertragen. Nichts tun können, für die Familie, für sich, die mögliche Hinrichtung vor Augen.

In den letzten Jahren seines Lebens, wenn er nach Loccum kam, saß ich ihm oft an seinem Schreibtisch gegenüber und fragte ihn aus. Häufig erzählte er aus der Haftzeit. Er schilderte, wie er sich gegen die Resignation zu geistlicher und geistiger Disziplin gezwungen hatte angesichts der Einzelhaft und Fesselung. Bibeltexte hatte er sich aus dem Gedächtnis vorgesprochen. Neue Texte formuliert und für sich auswendig gelernt, so daß er nach seiner Befreiung monatelang sich nur diese Texte von der Seele schrieb. Und erstaunlich das, was er später „gesegnete Agonie" genannt hat: die Erfahrung der vollkommenen Wehrlosigkeit und die Kraft des Glaubens, der sich an Christus hängt.
Jenes nächtliche Flüstergespräch in der Zellentür mit dem Freiherrn von Guttenberg, von dem er später schreibt: „Ich werde diese Dostojewskijsche Szene nicht vergessen, das dunkle – zwiefach dunkle – Haus, draußen der Höllenlärm von Flak und Bomben und drinnen diese geflüsterte Unterhaltung über den Sohn Gottes, der in jener Nacht am Ölberg allen Nächten das Grauen genommen hat und hinfort bei denen ist, die in den Nächten kämpfen, ringen und beten." (Im finstern Tal, S. 65f.).
Es war für mich faszinierend, Hanns Lilje zu befragen. Manches Mal habe ich die Kandidaten des Predigerseminars hinzugenommen. In solchen Stunden wuchs er in unseren Augen über sich hinaus. Er stand für viele, die ähnliches durchgemacht hatten, berichtete über sie und war in der theologischen und zeitgeschichtlichen Durchdringung des Geschehens weit mehr als ein Zeitzeuge. Er stand für die Kraft des Glaubens in schwieriger Zeit und verkörperte für uns mit großer Selbstverständlichkeit die Kirche in der modernen Welt.

Es ist aussichtsreich, sich dem Menschen Hanns Lilje und seinem Wirken über seine Erfahrungen, die er „Im finstern Tal" beschrieben hat, zu nähern. Das hat ihn sehr geprägt. Immer wieder sprach er in späteren Jahren davon. Es ist aber auch typisch, wenn man sich mit Älteren aus seiner Zeit trifft, daß sehr schnell Geschichten ganz unterschiedlicher Art von ihm erzählt werden. Natürlich ist es auch nötig, sich im biographischen Überblick klar zu machen, was er erlebt, wo er gewirkt und was er durchgestanden hat. Aber den Menschen Hanns

Lilje lernt man am besten in der überschaubaren Situation kennen.
Wir Jüngeren waren ja nicht ohne Kritik an ihm. Seine Fähigkeit, Situationen durch öffentliche Rede positiv zu verwandeln, bestaunten wir neidlos. Aber manchmal stachen wir auch mißmutig in die Seifenblasen „luzider" Formulierungen und glänzender Wortfassaden, hinter denen, so fanden wir, nicht viel zu stecken schien.
Freilich, es war auch einfach staunenswert, was dem Landesbischof gelang. Ich bin 1970 als Konventual und Studiendirektor des Predigerseminars in das Kloster Loccum gekommen. Nach Weihnachten, damals noch am „Tag der unschuldigen Kindlein" (28. 12.), versammelte der Landesbischof und Abt die Notabeln des Landes (wie er sie nannte) zu dem von ihm erfundenen, schon bald berühmten Empfang im Kloster Loccum. Ich stand der Versammlung aufgrund ihrer etwas einseitigen sozialen Struktur recht abständig gegenüber. Als einige Teilnehmer erfuhren, daß ich der neue Studiendirektor sei, wurde ich wegen der zu linken jungen Pfarrer angegriffen, was mich auch nur mäßig begeisterte. Aber dann kam die Ansprache des Abtes und Landesbischofs. Wer an das Jahr 1970 zurückdenkt, wird sich erinnern, daß in jener Zeit die Diskussion um die Ostverträge im Gang war, Willy Brandt hatte in Warschau vor dem Ehrenmal gekniet. War das die richtige Richtung? Die Stimmung war gereizt. Hanns Lilje hielt seine Ansprache. Nach einigen heiteren Bemerkungen zu Beginn, in denen Lilje darauf hinwies, daß die Versammelten nicht, wie der Name des Tages den Unkundigen vermuten lassen könnte, als unschuldige Kindlein angesprochen werden sollten, sondern daß die Anwesenden vielmehr deshalb so bedeutend seien, weil die Fehler, die sie in ihrem Verantwortungsbereich machten, so großes Gewicht hätten, wies Lilje auf die Unruhe und Gereiztheit aufgrund der neuen Ostpolitik hin, erklärte zur allgemeinen Erheiterung, er verstünde nichts von Politik und wolle deshalb nur etwas zum Thema „Versöhnung" sagen. Er verwies auf den biblischen Grund dieses Begriffes. Man merkte, daß er sich hier souverän auf vertrautem Gelände bewegte, und jeder war gespannt, was Lilje nun zu den politischen Fragen sagen würde. Würde er ein klares „Jein" sagen und sich so vornehm neutral halten, oder würde er sich mehr auf die SPD- oder die CDU-Seite schlagen?
Ich habe es damals als geradezu genial empfunden, wie Hanns Lilje den versammelten Verantwortungsträgern die bereits geöffneten Vorurteilsschubladen verschloß und ihnen Lichter aufsteckte. Er erzählte einfach aus seiner Zeit im Gestapogefängnis Tegel. 1944. Von Gesprächen mit einem hochgebildeten polnischen Gefangenen, dessen glühende Liebe zu seinem Heimatland er bewundert habe und der bald danach hingerichtet worden sei. Lilje erzählte von seinem Besuch bald nach dem Krieg in Warschau, als er die wiedererstandene lutherische Kirche mit einweihte und einen Besuch

beim Bürgermeister von Warschau machte. Der zog im Verlauf eines langen Gespräches die Schreibtischschublade auf und entnahm ihr jenes Bild mit den deutschen Kradschützen, die ihre Maschinenpistolen im Anschlag halten und dem wohl zehnjährigen Jungen mit seinem angstvollen Gesicht und den erhobenen Händen. (Damals dachten wir, der Junge wäre dabei getötet worden. Vor einigen Jahren kam im Fernsehen der bewegende Bericht, daß er davongekommen war und Zahnarzt in New York ist.) Lilje berichtete von der Einweihung der lutherischen Kirche und zeigte, daß es unausweichlich ist nach dem Unrecht und Leiden, das wir den anderen zuerst und sie dann uns zugefügt hatten, nur noch auf die Karte der Versöhnung zu setzen. Und dies „entschlossen und ohne jede Timidität", frei von der Angst, man könne dabei den kürzeren ziehen. Von ihrem Glauben her könnten Christen aus der Zuversicht handeln, daß der Weg der Versöhnung vor Gott und den Menschen sachgemäß sei.

Es war während der langen Rede totenstill, obwohl man mit den alten Stühlen im Refektorium des Klosters vorzüglich knarren kann. Es schien nun doch eine politische Rede geworden zu sein, aber gleichzeitig war sie etwas ganz anderes. Die Rede war zu einer die Menschen im Herzen packenden Predigt geworden. Ich habe nie wieder erlebt, daß die Teilnehmer an dem Empfang so nachdenklich und still durch den Kreuzgang zur Hora in die weihnachtlich geschmückte Kirche gingen.

Sicherlich, nicht alle Reden und Predigten gerieten zu solchen Sternstunden.

Aber es gab schon erstaunliche Ereignisse, das hatten wir bereits früher erlebt. 1965 war wieder das Landesjugendtreffen im Sachsenhain bei Verden. Dazu kamen in jener Zeit etwa zehntausend Jugendliche. Wir hatten – ich war zu der Zeit noch als Schülerpastor im Landesjugendpfarramt – das Thema „Beten – Reden mit einem Freund" sorgfältig und fantasiereich vorbereitet. Es begann morgens mit einem schönen Gottesdienst auf der großen Wiese. Die Sonne schien, es war warm, die Wimpel flatterten lustig im Winde. Gegen 11.30 Uhr gab es einen Temperatursturz von über 10° C. Mittags begann es zu regnen. Während wir die Suppe löffelten, gingen wir zu Lilje und sagten ihm, daß wir das Treffen vorzeitig beenden müßten. Die Jugendlichen hatten kaum Regenzeug dabei, waren schnell unterkühlt, das war nicht zu verantworten. „Wir versammeln uns noch mal auf der großen Wiese. Aber dann müssen Sie als Landesbischof erklären, daß wir das Treffen leider abbrechen müssen. Und Sie müssen etwas Gutes dazu sagen." Der Landesbischof schaute uns mit gespieltem Unwillen an: „Ich soll es also wieder machen, was?" Und genoß es. – Dann lagerten die zehntausend wieder auf der großen Wiese, und Lilje redete: „Herr, dein Wort feuchtet das Land wie ein Regen." Er sprach mit dem Regen im Rücken, der zu einer Metapher für das Wort Gottes geworden war, 20 Minuten, 25 Minuten. Es war unglaublich; keiner merkte, wie die Zeit ver-

ging. Der Landesjugendpastor Ulrich Renner und wir anderen Mitarbeiter standen am VW-Bus mit der Technik und wußten nicht, ob wir lachen oder weinen sollten. Der so gut vorbereitete Nachmittag fiel ins Wasser. Aber Gerhard Isermann, der Schulpastor, kam vom Rundgang zurück. „Die Stimmung ist hervorragend. Der redet die warm. Es ist unglaublich." Dann kam der Schlußsegen, und das Volk zog innerlich erwärmt, naß und vergnügt in die Busse zur Heimfahrt.
Wir haben Tage später versucht, diese unglaubliche Rede für den Druck fertigzumachen, denn solch ein Ereignis mußte für die Nachwelt dokumentiert werden. Es war nicht möglich. Man konnte diese Rede nicht drucken. Zwei klägliche DIN-A 5-Seiten brachten wir zusammen. Aber sie spiegelten das Ereignis nicht wirklich wider. Es war eben eine dieser Situation angemessene Rede, eine fesselnde Predigt. Man mußte schon im Regen stehen, um sie sich zu Herzen gehen lassen zu können.
Nachträglich beschleicht mich manchmal die Beschämung, daß wir Hanns Lilje viel zu selbstverständlich als den genommen, bestaunt und kräftig kritisiert haben, den wir jeweils aktuell erlebten. Was er alles außerdem erlebt, durchstanden, angestoßen und bewirkt hatte, das habe ich in vielen Fällen erst später begriffen.

Für seinen theologischen Standort ist eine kurze Einleitung bezeichnend, die er zu seinem Aufsatzbändchen „Kirche und Welt" geschrieben hat. Seine These lautet: „Es ist das geistesgeschichtliche Verdienst der Reformation, die Weltlichkeit der Kirche wieder entdeckt und kraftvoll durchdacht zu haben." Dabei ist die Kirche stets von zwei Versuchungen bedroht: der Weltflucht und der Klerikalisierung. Die Weltflucht ist die gleichsam christlichere Versuchung, weil immer dann, wenn die Welt als feindlich erlebt wird, der Rückzug in die Nische als das christlich gebotene Handeln erscheint. Die Klerikalisierung ist in der Geschichte der Kirche wirksamer geworden, weil die Versuchung der Kirche, wenn sie Macht über die Herzen zu haben scheint, sich immer in der Vorstellung zeigt, man könne und solle die Welt verchristlichen. Demgegenüber hat die Reformation die Weltlichkeit der Welt hervorgehoben. Damit ist nicht gemeint, daß die Kirche keinen Einfluß auf die Welt ausüben sollte, im Gegenteil: „Indem allen diesen Bereichen ihre eigenständige Würde wiedergegeben wurde, sind sie erst wirklich zu ihrem von Gott verordneten Sinn gelangt." Indem der Christ den weltlichen Dienst in Familie, Beruf und Staatswesen tut, dient er Gott. Zu diesem weltlichen Gottesdienst ist er von Gott berufen. Deshalb hat die Reformation die ursprünglich nur innerkirchlich gemeinte vocatio, die „Berufung" als „Beruf", auf den weltlichen Dienst des Christen übertragen. Der Ort der Bewährung ist die Welt.
Dieses Ja zur Welt ist freilich kein vorbehaltloses Ja in dem Sinne, daß es eine weltliche Vollkommenheit zu erreichen gäbe. Nicht die Perfektion, sondern die Vergebung be-

stimmt das Lebensgesetz in dieser Welt. „Die tiefste Lehre der Reformation, die iustificatio impii, die Rechtfertigung des Gottlosen, ist die stärkste Basis für ein mutiges und zuversichtliches Wirken des Christen in der Welt." Sie ist gleichzeitig ein kritisches Sortierungsinstrument gegenüber der Welt.

Lilje schildert hier den theologischen Schlüssel für sein vielfältiges Wirken. In diesem Sinne hat er die Menschen an ihrem Arbeitsplatz aufgesucht und die Würde dieser Arbeit bestätigt.

Einige meiner frühen Begegnungen mit dem Landesbischof gehen ins Jahr 1952/53 zurück. Ich war damals bei der Firma Bosch im Hildesheimer Wald als Lehrling, hockte in einer der großen Hallen hinter einer Maschine, um sie zu reparieren, als es hieß: „Der Landesbischof Lilje kommt." Ich kannte ihn von einer Einweihung der Michaeliskirche, wo er uns Jugendmitarbeiter begrüßt hatte. Im Betrieb hatten wir in jener Zeit mit unserem kirchlichen Engagement kein besonderes Ansehen bei den Lehrgesellen. Nun kam unser Landesbischof plötzlich hier in die Fabrikhalle. Wir waren gespannt. Am Eingang der Halle entstand ein Gewimmel von Leuten. Wir standen auf, um mehr sehen zu können. Dann kam er an. Voran die Weißkittel der Ingenieure, die Herren von der Betriebsleitung im Anzug, die Werkmeister in ihren grauen Kitteln. Dazwischen ging untersetzt und ganz schwarz mit Kreuz unser Landesbischof. Er ging ein Stück von mir entfernt auf eine der Drehbänke zu. Man sprach irgendwas miteinander. Ich konnte es nicht verstehen. Aber es gab ein riesiges Gelächter, und die Gruppe zog weiter zur nächsten Halle. Anschließend war es *das* Gesprächsthema. Die Arbeiter fanden es überraschend und sehr positiv, daß der Bischof die Fabrik besuchte. Uns, die wir in der Gemeinde engagiert waren, hat das sehr gut getan. Der Bischof war nicht nur innerkirchlich wichtig. Er würdigte die Arbeitswelt, und auch auf uns fiel etwas Glanz.

Diese Besuche gehörten zu Hanns Liljes „Normalprogramm" in den weiteren Jahren. Er war der Mittelpunkt der „Kirchlichen Wochen" in den Städten der Landeskirche. Etliche Jahre haben wir vom Landesjugendpfarramt dabei mitgewirkt, haben die Schulen besucht und mit den Klassen diskutiert, während er große und kleine Betriebe, Landwirte und diakonische Einrichtungen aufsuchte. Ich habe es ihm später vielfach nachgemacht.

1965 fand in Düsseldorf ein Wirtschaftstag der CDU statt mit dem Thema „Eine gesunde Wirtschaft dient allen – heute und in Zukunft". Landesbischof Lilje hatte beim Aufbau der Zusammenarbeit mit den Gewerkschaften kräftig mitgewirkt. 1962 hatte er auf dem Bundeskongreß des Deutschen Gewerkschaftsbundes in Hannover gesprochen. Nun hatte man ihn nach Düsseldorf eingeladen, zum Thema „Der Unternehmer in Staat und Gesellschaft" etwas zu sagen. Er genoß in diesen Jahrzehnten ein hohes Ansehen bei vielen. Natürlich wurde er auch zeitweilig, was ihn sehr verstört hat, mit dem Schimpfwort „Nato-Bischof" diffamiert und mancher instrumentalisierte das, um ihn von bestimmten leitenden Aufgaben fernzuhalten. Ich fand es beachtlich, wie er seinerzeit, als Willy Brandt zurücktreten mußte, in einem deutlichen Artikel dessen Verdienste sorgfältig gewürdigt hat.

Bei dem Wirtschaftstag der CDU 1965 wurde von ihm eine grundsätzliche Überlegung erwartet, bevor es in die Arbeitsgruppen ging. Lilje thematisierte ausdrücklich das Ungewöhnliche, daß einem Theologen anläßlich einer solchen Wirtschaftstagung das Wort erteilt wird. Er stellte jedoch sofort offensiv die Gegenfrage: „Was für eine Wirtschaft wäre das, die keinen Anlaß hätte, über die technischen Fragen der Weltgestaltung hinaus zu fragen, und nirgendwo an Grundsatzfragen, an Fragen der Existenzbewältigung überhaupt, an Fragen unserer Gemeinschaft herangeführt würde?" Er verwies die Unternehmer, die etwas davon wußten, an die Grundlagen des christlichen Glaubens. Der Unternehmer ist ein Repräsentant konstitutioneller Freiheit innerhalb einer technisierten Welt. Freiheit ist freilich nicht denkbar ohne die Bereitschaft zum Risiko. Aber jeder rechte Unternehmer weiß auch, daß er sich der Verantwortung stellen muß. Er ist verantwortlich für die Arbeitnehmer. Und er hat – Lilje nannte das Stichwort Entwicklungshilfe – eine globale Verantwortung. Er ist verantwortlich für eine angemessene Vermögensverteilung und für die Erkenntnis, daß Habsucht nichts aufbaut. Es geht um ein vorbildhaftes Handeln, das sich der Gemeinschaft verpflichtet weiß und von sozialethischen Grundsätzen geprägt ist. Entscheidend freilich ist, daß man das alles nicht tun kann, ohne die letzten Voraussetzungen der eigenen Existenz zu überprüfen. Lilje schloß mit dem 90. Psalm: „Der Herr unser Gott sei uns freundlich und fördere das Werk unserer Hände." – Das Protokoll verzeichnete lebhaften Beifall, was kein Wunder war, weil Hanns Lilje wieder einmal seine alte Methode angewandt hatte, nämlich Menschen vom christlichen Glauben her auf ihre Stärken anzusprechen. So hat er es gern gemacht, bei Kircheneinweihungen, bei Männer- und Frauentagen, bei Missionsfesten und Werftbesuchen.

Anfang des Jahres 1966 fand eine Kirchenvisitation des Landesbischofs an St. Johannis in Lüneburg statt. Meine Familie und ich waren drei Monate vorher an St. Johannis eingezogen. Ich hatte mich bei einigen Mitgliedern des Kirchenvorstandes schnell dadurch unbeliebt gemacht, daß ich am Volkstrauertag 1965 in Anwesenheit der Bundeswehr einen Tagesbefehl des damaligen Verteidigungsministers zum zehnjährigen Bestehen der Bundeswehr milde – wie ich fand – kritisiert hatte. Er hatte, wenn ich mich recht entsinne, geschrieben, wir könnten stolz sein, daß wir im Konzert der Mächte wieder eine Rolle spielten. Ich hatte Wolfgang Borcherts „Sag nein" dazu zitiert und gesagt, daß wir dies zehnjährige Bestehen der Bundeswehr nur als eine ungeheuer traurige Notwendigkeit ansehen könnten.

Nun kam der Landesbischof sechs Wochen später zu uns. Die Mitglieder des Kirchenvorstands hatten sich über meine politische Einstellung ihm gegenüber kritisch geäußert. Wir hatten ein langes Gespräch miteinander. Zunächst fragte er nach dem Volkstrauertagsgottesdienst. Ich holte meine Predigt und gab sie ihm zu lesen. Er las das sehr sorgfältig. Schließlich gab er sie mir zurück und sagte: „Das ist in Ordnung. Aber nur einmal im Jahr, öfter nicht.“ Dann sagte er: „Mehr bedrückt mich eigentlich, daß Sie dem kargen Gottesverständnis von Herbert Braun anhängen, das genügt nicht!“ Ich war etwas verblüfft, denn was er da gehört hatte, stimmte nicht. Ich sagte ihm das. Wir sprachen ausführlich über die Gottesfrage. Er fragte immer wieder sehr präzise aufgrund meiner Formulierungen nach. Dann sagte er: „Ich bin froh, daß wir darüber reden konnten. Ich hatte anderes von Ihnen gehört, und es hätte mir leid getan.“ Es war ein gutes seelsorgerliches Gespräch gewesen, und die Sorge des Bischofs um die Gläubigkeit eines seiner jungen Pfarrer habe ich als aufregend und wohltuend empfunden. – Ich habe danach erst gemerkt, wie er in seinen Predigtmeditationen, die er regelmäßig an die Pfarrerschaft versandte, die für die Gegenwart nötigen theologischen Entdeckungen zu vermitteln versuchte.

Im Herbst 1976, ein Vierteljahr vor seinem Tode, versuchten wir, den Abt wie in jedem Jahr wieder zu einem Abendgespräch mit dem Kandidatenkurs einzuladen. Er mußte jedoch am Vormittag absagen, weil es ihm nicht gut ging und er die Fahrt nach Loccum fürchtete. Ich fragte ihn spontan, ob wir ihn besuchen dürften, wir könnten auch nach Hannover kommen. Darauf ging er erfreut ein. Es war ein sehr schöner Abend.

Er berichtete noch einmal von jenen Bombennächten im Gefängnis. Jahre später hatte er bei einer Tagung des Lutherischen Weltbundes einen kanadischen Bischof getroffen, der bei Liljes Erzählen von dem schwersten Angriff auf Berlin nach dem genauen Datum fragte und dann nach gewissem Zögern berichtete, daß er in jener Nacht Bomberpilot über Berlin war. In die Stille der Zuhörenden hinein, denen es die Sprache verschlug, hatte Lilje nur knapp gesagt: „I thank you, that you have missed me.“

Er sprach noch einmal vom Segen der biblischen Texte, die einer im Gedächtnis hat. Er ermahnte uns, die geistige und geistliche Disziplin zu suchen, zu der er sich in der Haft gezwungen hatte. Das Wichtigste, sagte er, sind die Worte der Heiligen Schrift, die ich im Kopf und im Herzen habe, doch nein, fuhr er fort, noch wichtiger ist es, die Gestalt Jesu vor Augen zu haben.

Für solche und andere Erfahrungen sind die Aufzeichnungen aus der Haft eine Fundgrube. Wir sind Gott dankbar, daß er seine Kirche mit dem Landesbischof Johannes Lilje gesegnet hat.

Horst Hirschler

Der Weg in das finstere Tal

Was für Hanns Lilje 1944 im „finstern Tal" der Gestapo-Haft zu Ende ging, hatte 1933 mit einem von ihm begrüßten „neuen deutschen Morgen"[1] begonnen. Die Jahre dazwischen waren gekennzeichnet von einem rastlosen Einsatz für die Kirche und zunehmender Skepsis gegenüber der Kirchenpolitik des nationalsozialistischen Staates, die es ihm immer schwerer werden ließ, seine tiefverwurzelte loyale Haltung gegenüber dem Staat aufrechtzuerhalten. Sein Bemühen richtete sich darauf, unter den gegebenen äußeren Bedingungen nationalsozialistischer Herrschaft für die Kirche das Mögliche zu erreichen.

Die Vorgeschichte: Kaiserzeit und Weimarer Republik

Die von Lilje in der Zeitspanne des Kirchenkampfes entfaltete Wirksamkeit hatte ihren lebensgeschichtlichen Vorlauf. Für Lilje war dies die Lebensphase, in der sich seine theologische Identität und ein berufsbezogenes Selbstverständnis, wie sie im Kirchenkampf zum Tragen kamen, herausbildeten.
Als Johannes Ernst Richard Lilje am 20. August 1899 als Sohn des Diakons Theodor Lilje und seiner Frau Maria geb. Gottschalk, einer gelernten Kindergärtnerin, in Hannover geboren wurde, stellte man in der Stadt gerade die Straßenbeleuchtung von Gaslaternen auf elektrische Bogenlampen um. Vieles im deutschen Kaiserreich war im Umbruch.
Die noch unter den politischen Vorzeichen der Kaiserzeit verlaufene Kindheit Hanns Liljes war in religiöser Hinsicht maßgeblich von der pietistisch orientierten Erweckungsfrömmigkeit des Elternhauses und dem benachbarten Gemeindehaus der evangelisch-lutherischen Apostelgemeinde in Hannover, dem Arbeitsplatz des Vaters, geprägt. Lilje besuchte die Leibnizschule, ein ambitioniertes Reformgymnasium, dem er eine solide Schulausbildung verdankte. Nach einer zwischen Schule und Schülerbibelkreisen verbrachten kurzen Jugendzeit legte er 1917 kriegsbedingt das vorzeitige „Notabitur" ab.
Es folgte die Einberufung zum Wehrdienst an die Westfront, von der Lilje ein Jahr später, verwundet und ernüchtert, zurückkehrte. Die von ihm verinnerlichten Werte und Normen des Kaiserreichs wurden durch die einschneidenden Kriegserfahrungen und mit dem Einsturz des politischen Leitsystems vorübergehend erschüttert. Die früh angeeignete normative Grundlage blieb weiter für Lilje wirksam und bestimmte seine Hoffnungen und Erwartungen, mit denen er dem neuen Staat nach 1918 begegnete.

Als Lilje 1919 das Studium der Theologie in Göttingen aufnahm, folgte er seinem schon lange feststehenden Berufswunsch. Zusammen mit der 1922 folgenden zweiten theologischen Ausbildungsphase im Predigerseminar Loccum kam diesen Lehrjahren vor dem Hintergrund des zurückliegenden Krieges und der gesellschaftlichen Umwälzungen eine stabilisierende Funktion zu.

Der Verlust der traditionellen Werte der Kaiserzeit setzte ein tiefes Verlangen nach einer neuen theologischen Orientierung frei, die in der Sicht Liljes aber ihrerseits an verläßliche Werte gebunden sein sollte. Der Umstand, daß in Göttingen mit Karl Barth und Emanuel Hirsch, bedingt auch mit Carl Stange maßgebliche Vertreter der beiden theologischen Aufbrüche jener Zeit, der Dialektischen Theologie sowie der Lutherrenaissance, als akademische Lehrer Liljes wirkten, kam diesem zeitbedingten Verlangen nach neuer Orientierung entgegen.

Lilje bildete in dieser Phase auf der Grundlage seiner pietistisch-erwecklichen Frömmigkeit theologische Grundüberzeugungen aus, die sich der zeitgeschichtlichen Entstehungssituation verdankten und für ihn bestimmend blieben. Er rezipierte ordnungs- und geschichtstheologisches Denken, das ihm grundlegende Vergewisserung und Orientierung bot: Die sich scheinbar unter den Zentrifugalkräften der Weimarer Republik auflösende Welt fand nach Liljes Verständnis in der Hand des geschichtslenkenden Gottes einen sinnstiftenden Zusammenhalt. Dessen Ordnungen, die er als normative Autorität verstand, boten ihm angesichts der sich rasant wandelnden soziokulturellen Werte einen stabilisierenden Halt. Seine Affinität zum geschichtstheologischen Denken unterstrich Lilje 1932 mit seiner Dissertation über „Luthers Geschichtsanschauung“[2]. Für sein theologisches Selbstverständnis wurde ein von liberalen und kulturprotestantischen Deutungsversuchen befreiter Rückgriff auf den vermeintlich „wirklichen“ Luther des 16. Jahrhunderts maßgeblich. Der Transfer einer so verstandenen reformatorischen Theologie in den Kontext einer Diktatur im Zeitalter der Moderne mußte vor allem in staatsethischer Hinsicht fast zwangsläufig problematische Folgen zeitigen.

Liljes ersten pastoralen Tätigkeiten in Hannover kam eine wegweisende Bedeutung in seinem weiteren kirchlichen Dienst zu. Die schon nach wenigen Monaten wieder abgebrochene Tätigkeit als Hilfsgeistlicher in der Jugendfürsorge der Inneren Mission 1924/25 hatte Lilje eine unvermittelte Berührung mit gesellschaftlichen Problemen seiner Zeit gebracht. Im Anschluß daran wurde Lilje der erste evangelische Studentenpfarrer an einer Technischen Hochschule. Diese Aufgabe konfrontierte ihn mit der Welt der Technikstudenten und damit mit einem der bestimmenden Modernisierungsfaktoren der Weimarer Zeit.

Als Lilje im Anschluß daran 1927 zum Generalsekretär der Deutschen Christlichen Studentenvereinigung (DCSV) berufen wurde, erhielt sein beruflicher Aktionsradius einen überregionalen Zuschnitt. Die DCSV – im ausgehenden 19. Jahrhundert noch unter dem Einfluß der Erweckungsbewegung sowie einer aus dem angelsächsischen Raum kommenden Missionsbewegung entstanden – verfolgte satzungsgemäß das Ziel, so viele Studenten wie möglich in persönliche Berührung mit Jesus Christus zu bringen und zur Mitarbeit für sein Reich zu bewegen. Im Rahmen dieser Leitungsaufgabe setzte er Arbeitsschwerpunkte und entwickelte organisatorische Fähigkeiten, die alle seine nachfolgenden Tätigkeiten kennzeichnen sollten. So bedeutete etwa auch die Mitarbeit im Christlichen Studentenweltbund seit 1928 für Lilje den Einstieg in die ökumenische Aufbauarbeit, die ihn zeit seines Lebens beschäftigen sollte.

Der Verlust der bei Kriegsende untergegangenen, durch Thron und Altar sinnfällig geordneten Welt wog für Lilje schwer. Zu den veränderten Lebensbedingungen und Herausforderungen, wie sie der Weimarer Staat im Zusammenhang mit dem Durchbruch der Moderne freigesetzt hatte, fand er keinen konstruktiven Zugang. Im Gleichklang mit vielen konservativen Theologen der jüngeren Generation, wie etwa Friedrich Gogarten oder Paul Althaus, kritisierte er den Verlust der traditionellen Staatsidee. Nach Liljes Auffassung hatten die Rationalisierung aller Lebensbereiche und die politische und weltanschauliche „Zerrissenheit des Volkes" schließlich zum Verlust der „wahren" Vorstellung vom Staat geführt. Er klagte, daß die Gegenwart „keinen Staatsgedanken" mehr habe.[3] Kennzeichnend für Liljes Problemanzeige waren hohe Homogenitätserwartungen an den Staat und eine idealisierte Gemeinschaftsvorstellung.

Liljes Kritik zielte vor allem auf die Denkschulen des 19. Jahrhunderts, die auf die menschliche Autonomie und das Individuum abhoben, namentlich den Liberalismus und den Kulturprotestantismus. Die Weimarer Republik erschien ihm als eine institutionalisierte Umsetzung dieses Denkens.

Liljes Vorstellung von der Kirche war an Werten orientiert, die er im Weimarer Staat im Auflösen begriffen sah: So machte er für die Kirche die Geborgenheit wahrer Gemeinschaft geltend, und gegen die von ihm wahrgenommene Tendenz zu einer Politisierung der Gesellschaft propagierte er die Vorstellung von einer entpolitisierten Kirche, die sich allein am Verkündigungsauftrag orientieren und dadurch die Bedeutung des Wortes Gottes zum alleinigen Maßstab ihres Handelns machen sollte.

Liljes distanzierte Haltung gegenüber der Weimarer Republik bildete schließlich eine grundlegende Voraussetzung dafür, daß er die sich formierende nationalsozialistische Bewegung als verheißungsvolle gesellschaftliche Kraft begrüßte. 1932 erhoffte er in dem sich darin manifestierenden ‚nationalen Aufbruch' des Volkes einen entscheidenden Impuls zur Rechristianisierung der Gesellschaft.[4]

Kirchliches Wirken zwischen Kreuz und Hakenkreuz

Die Zeit zwischen 1933 und 1945 erlebte Lilje in zunehmender Spannung zwischen Kirche und Nationalsozialismus. Sie resultierte für ihn vor allem aus der Diskrepanz zwischen dem Anspruch, den er als Christ und Kirchenvertreter an den Staat stellte, und der kirchenpolitisch erfahrenen Wirklichkeit.

Das Jahr 1933 war für Lilje eine Zeit, in der er radikale Veränderungen durchlebte. Mit der Mehrheit des deutschen Protestantismus begrüßte er zunächst das nationale Aufbruchgeschehen. Das hatte drei Gründe: Einmal seine Ablehnung des zurückliegenden politischen Systems der Weimarer Republik, zum zweiten seine ordnungs- und geschichtstheologischen Grundüberzeugungen. In der Tradition von Römer 13 galt ihm der Staat als Ordnung Gottes, dem es sich dienend unterzuordnen galt. Dem von ihm als revolutionär aufgefaßten Geschichtsverlauf seit dem Januar 1933 begegnete er mit einer passiv-rezeptiven Haltung und konstatierte, daß der Mensch nicht „kommendes Schicksal zu ‚gestalten'", sondern sich „in dienendem Gehorsam ihm zu unterstellen" habe.[5] Zum dritten hatte Lilje die Hoffnung, daß die von ihm als Volksbewegung und weniger als politische Kraft begriffene nationalsozialistische Bewegung auch für die Kirche zu einer Zurückgewinnung verlorener Bedeutung führen würde.

Vor diesem Hintergrund verstand er die nationale Bewegung 1933 als „Gottesstunde", die eine „totale Mobilmachung" auch von der Kirche verlange, denn Kirche und Volk galten ihm auf unzertrennliche Weise historisch aneinandergewachsen.[6]

Der in alledem zum Ausdruck kommende Optimismus Liljes wurde bereits im Sommer durch zwei Ereignisse entscheidend gedämpft. Die deutliche Niederlage der von Lilje mitgegründeten Jungreformatorischen Bewegung bei den Kirchenwahlen im Juli gegenüber den Deutschen Christen (DC) sowie die Vehemenz, mit der die deutschchristlich orientierten Kräfte die Macht in der DCSV übernommen hatten, waren für Lilje erste signifikante Indikatoren für den von ihm bis dahin nicht erkannten politischen Charakter des nationalen Aufbruchs, indem jetzt Ziele zur Durchsetzung gelangten, die er im Grunde ablehnte.

Die Vorgänge in der DCSV verdeutlichten dies sehr genau: Lilje war zunächst bemüht, die Organisation vor einer politischen Einflußnahme durch deutsch-christliche Kräfte freizuhalten. Als eine Eingliederung in den nationalsozialistisch bestimmten Dachverband der Studentenschaft, der Deutschen Studentenschaft, immer mehr zur Überlebensfrage für die DCSV zu werden schien, spitzte sich die Diskussion bei der Frage nach einer Übernahme des „Arierparagraphen" zu: für die Deutsche Studentenschaft galt er als unverzichtbare Prämisse einer Mitgliedschaft, auf seiten der DCSV widersprach das „Arier-Prinzip" dem Wesen christlicher Gemeinschaft und der internationalen Einbindung in den Weltbund. Als dann im Sommer – gestärkt durch den kirchenpolitischen Rückenwind im Reich – deutschchristlich orientierte Kräfte ohne erkennbare Gegenwehr der amtierenden DCSV-Leitung vorübergehend die Reichsführung der DCSV übernahmen, war auch Lilje Ende August bereit, dem Begehren nach Eingliederung in die Deutsche Studentenschaft zuzustimmen. Die von Lilje anfangs erhoffte Revitalisierung der Kirche, abgelöst von der politischen Dimension des nationalen Geschehens, erwies sich angesichts dieser Entwicklungen immer mehr als Fehleinschätzung. Die Kurskorrektur Liljes erfolgte umgehend. Das von ihm im Anschluß bewußt herbeigeführte Eingreifen der Genfer Zentrale des Christlichen Studentenweltbundes, das die Einführung des Arierparagraphen in die DCSV verhindern half, deutete bereits einen Bewußtseinswandel bei Lilje an.

Ein zweiter Schritt Liljes in diese Richtung folgte im September. Denn seine differenzierte Erwiderung auf Karl Barths Schrift „Theologische Existenz heute!“[7], die im Juli für großes Aufsehen gesorgt und die theologischen Gedanken des Reformierten in die kirchenpolitische Debatte hineingetragen hatte, bestätigte seine veränderte Einstellung.[8] Sie machte zweifelsfrei klar, daß Lilje die vorrangige Aufgabe der Kirche nicht mehr in einer Funktionalisierung des nationalen Aufbruchs für eine kirchliche Erneuerung, sondern in einer Rückbesinnung auf das Bekenntnis der Kirche sah.

Das folgende Jahr 1934 war maßgeblich bestimmt von der zusammenrückenden protestantischen kirchlichen Opposition. Den Höhepunkt dieser Entwicklung bildete die erste Bekenntnissynode in Barmen vom 29. bis 31. Mai. Die hier von den lutherischen, reformierten und unierten Kirchenvertretern verabschiedete Barmer Theologische Erklärung bildete fortan die theologische Plattform, auf der sich die Bekennende Kirche (BK) sammelte und das Kirchenkampfgeschehen prägte. Sie war das wichtigste theologische Dokument des Kirchenkampfes.

Lilje hatte sich im Zuge dieser Entwicklung von Anfang an im Lager der sich konstituierenden BK positioniert. So verteidigte er im August 1934 publizistisch als erster die bekenntnisübergreifende Barmer Bekenntnissynode und deren Theologische Erklärung gegen Angriffe aus dem DC-Lager, aber auch aus den Reihen des konservativen Bekenntnisluthertums: „Wird das“, so machte er geltend, „was die Bekenntnisse der Reformation schützen soll, bedroht, dann besteht nicht nur das Recht, sondern auch die Pflicht zur gemeinsamen Abwehr.“[9]

Die nachhaltigste Wirkung innerhalb der BK erzielte Lilje durch seine publizistische Tätigkeit. Die von ihm zwischen 1933 und 1936 herausgegebene Zeitschrift „Junge Kirche“ war das maßgebliche Informationsblatt der BK. Liljes Bemühen war es, immer wieder Autoren mit unterschiedlichen kirchlichen Einstellungsprofilen in der Zeitschrift zu Wort kommen zu lassen. Auf diese Weise gelang es ihm, das Blatt zu einem öffentlichen Forum der Meinungsbildung zu machen, das an der Kursbestimmung innerhalb der BK einen wichtigen Anteil hatte.

Die von Lilje seit 1934 ebenfalls herausgeberisch betreute christliche Kulturzeitschrift „Die Furche" mit ihrer erwecklich-missionarischen Ausrichtung stand Lilje näher als die in die Auseinandersetzungen des Kirchenkampfes unmittelbar involvierte „Junge Kirche". Lilje strebte mit der Zeitschrift eine Stärkung der kirchlichen Binnenkräfte an. In dieser Weise verstand er sie als Beitrag zum Kirchenkampf. Neben der Herausgabe und redaktionellen Betreuung von insgesamt drei Zeitschriften – auch die Mitgliederzeitschrift der DCSV „Der christliche Student" stand unter seiner Ägide – trat Lilje zudem als Autor eigener Beiträge in Erscheinung. Vor allem dies starke Engagement im Bereich der christlichen Publizistik charakterisierte Liljes Wirken im Kirchenkampf.

Lilje machte von seinen publizistischen Möglichkeiten insbesondere in der Auseinandersetzung mit den DC Gebrauch. Er wies dabei die deutsch-christlichen Denkmuster nachdrücklich als „Irrlehren" zurück und kritisierte von seinem Verständnis der Zwei-Reiche-Lehre her die von ihnen betriebene Politisierung der Kirche. Lilje trat publizistisch auch in die Auseinandersetzung mit den Deutschgläubigen und ihrer auf indogermanischen, nordischen, mystischen und auch rassistischen Inhalten ausgebildeten diffusen Religiosität ein. 1937 setzte er sich kritisch mit der Kampfschrift „Protestantische Rompilger" des führenden NSDAP-Ideologen Alfred Rosenberg auseinander.[10]

Liljes Tätigkeit in der deutschen und ökumenischen Studentenarbeit endete 1935 wegen weiterführender Berufsaussichten im Bereich der Ökumene. Das Ausscheiden bedeutete für ihn in beruflicher Hinsicht eine Zäsur. Nachfolgend betätigte er sich vorübergehend als Mitarbeiter der ersten Vorläufigen Kirchenleitung (VKL I) in Berlin. Lilje, nun wieder in Diensten der hannoverschen Landeskirche, tat dies in enger Abstimmung mit dem Vorsitzenden der VKL I, dem hannoverschen Landesbischof August Marahrens. Dieser hatte Liljes kirchenorganisatorisches Talent früh erkannt und wuchs immer mehr in die Rolle seines Förderers. Lilje stand in den folgenden Jahren vor der Aufgabe, neben dem einflußreichen hannoverschen Kirchenführer bei aller Loyalität, die er sich abverlangte, seine eigene kirchenpolitische und ökumenische Linie zu finden.

Liljes berufliche Umorientierung 1935 fiel in eine Zeit, in der sich auch die kirchengeschichtliche Situation in Deutschland nachhaltig veränderte. Die durch den Reichsminister für kirchliche Angelegenheiten Hanns Kerrl initiierte Einsetzung von Kirchenausschüssen als kirchliches Leitungsorgan erwies sich als akutes Konfliktpotential für die BK. Die Frage nach dem angemessenen Umgang mit den Kirchenausschüssen, in denen bestimmungsgemäß auch DC-Vertreter mitwirkten, ließ die schon zuvor aufgekommenen Spannungen innerhalb der BK manifest werden. Im Februar 1936 schließlich zerbrach die einheitliche Leitung der BK an der Streitfrage nach Anerkennung oder Ablehnung der Kirchenausschüsse.

Lilje, der die Einsetzung der Kirchenausschüsse bejaht hatte, gewann vor allem im Hinblick auf den kurze Zeit später von ihm mitgegründeten „Rat evangelisch-lutherischer Kirchen Deutschlands" (‚Lutherrat') an Bedeutung. Wegen dieser konfessionell gebundenen Tätigkeit sah Lilje sich genötigt, auf Drängen Martin Niemöllers die Herausgebertätigkeit für die „Junge Kirche" aufzugeben. Der Lutherrat verstand sich als geistliches Leitungsgremium der darin zusammengeschlossenen lutherischen Kirchen. Liljes Tätigkeit als ständiger Vertreter des Lutherrats in der Berliner Geschäftsstelle gibt sein Profil zu erkennen. Einerseits förderte Lilje die Bemühungen des Lutherrats, weitere lutherische Kirchen für das Bündnis zu gewinnen, um die Basis der Organisation weiter zu stärken. Andererseits unternahm er immer wieder Anstrengungen, zumal in kirchenpolitisch kritischen Situationen, zu einer vereinten Haltung innerhalb der BK vorzudringen. Es war ein charakteristischer Zug Liljes, sich aus der Position eines gefestigten Luthertums heraus um eine zumindest punktuelle Überwindung des Leitungsschismas und damit auch der konfessionellen Differenzen innerhalb der BK zu bemühen.

Im Bereich der Ökumene hat Lilje während der gesamten nationalsozialistischen Herrschaft nicht nur am längsten, sondern auch am nachhaltigsten gewirkt. Nachdem bereits auf dem dritten Lutherischen Weltkonvent (LWK) 1935 in Paris die Schaffung eines hauptamtlichen Generalsekretariats ins Auge gefaßt worden war und Lilje dieses Amt seither nebenamtlich, ohne konkretes Einstellungsverhältnis, an der Seite des Präsidenten des LWK, August Marahrens, wahrgenommen hatte, wurde er im April 1937 fest eingestellter Generalsekretär und behielt dieses Amt bis 1945.

Liljes Wirken als Generalsekretär des LWK gab ihm die Möglichkeit, seine reichhaltigen kirchenorganisatorischen Erfahrungen nunmehr im internationalen Maßstab zur Anwendung zu bringen. Eine Initiative für eine Verfassung des LWK gehört ebenso zu Liljes Verdiensten wie der Anstoß zu einer programmatischen Neufassung des LWK als kirchliches Einigungswerk sowie die Öffnung der lutherischen Weltorganisation zur Ökumenischen Bewegung hin, insbesondere zu dem im Aufbau begriffenen Ökumenischen Rat der Kirchen (ÖRK). Kennzeichnend für seine Amtszeit unter der Präsidentschaft von Landesbischof Marahrens bleibt aber auch, daß der LWK sich zu einer Stellungnahme zu den kirchenpolitischen und politischen Unrechtstaten des NS-Staates nicht hat durchringen können.

Lilje unterstützte den Aufbau der Beziehungen zwischen dem LWK und dem sich herausbildenden ÖRK durch die Mitarbeit in wichtigen ökumenischen Gremien. Auf diese Weise war er als deutscher Lutheraner am Aufbau des ÖRK maßgeblich beteiligt. Liljes doppeltes Engagement auf seiten des konfessionell gebundenen LWK einerseits und im Rahmen der transkonfessionellen ökumenischen Bewegung andererseits war kennzeichnend für sein Verständnis der Ökumene.

Seinem ökumenischen Engagement kam in mehrfacher Hinsicht Bedeutung zu: Einmal war Lilje für die ökumenischen Zentren in Genf und London einer der wichtigsten Ansprechpartner, Informant und Vermittler hinsichtlich der schwierigen Lage, in der sich die deutsche evangelische Kirche befand. Wie kaum ein zweiter in Deutschland ansässiger Kirchenvertreter trug der Dauerreisende Lilje auf diese Weise wesentlich dazu bei, daß in Zeiten der nationalsozialistischen Isolationspolitik die internationalen kirchlichen Kontakte der deutschen evangelischen Kirche nicht abrissen und die innerkirchliche Entwicklung immer wieder im internationalen Maßstab reflektiert werden mußte. Und drittens hatten die ökumenischen Kontakte für Lilje selbst eine wichtige Korrektivfunktion. Die Beurteilungskriterien der ökumenischen Gesprächspartner und Gremien bedeuteten eine Horizonterweiterung, die die allgemein vorherrschende national eingeengte Binnenperspektive relativierte.

Die Jahre 1934 bis 1936, zwischen Barmen und den nach den Olympischen Spielen einsetzenden schweren kirchenpolitischen Restriktionen, waren für Lilje einerseits durch seine Positionierung innerhalb der kirchlichen Opposition sowie durch eine deutliche Ernüchterung im Hinblick auf die kirchenpolitischen Ziele des Hitler-Staates gekennzeichnet. Liljes wachsende Skepsis führte ihn zu der Erkenntnis, daß das kirchliche Wächteramt gegenüber dem Staate gefordert war. Die von Lilje postulierte Korrektivfunktion der Kirche mußte in diesen Jahren allerdings immer mehr den politischen und kirchenpolitischen Realitäten weichen und erwies sich zusehends als Illusion. Auf die permanenten staatlichen Übergriffe reagierte der Lutheraner theologisch durch die Zuhilfenahme der Zwei-Reiche-Lehre: Er appellierte an den Staat, wieder zur reformatorischen Ämtertrennung von Staat und Kirche zurückzukehren und deren Vermischung strikt zu unterlassen.

Durch die einschlägigen Erfahrungen 1937 im Zusammenhang mit der ökumenischen Weltkonferenz in Oxford, deren Beschickung mit einer deutschen Delegation durch einen staatlichen Eingriff verhindert worden war, nahm Liljes distanzierte Haltung gegenüber dem Staat weiter zu. Bis zum Ausbruch des Krieges erhielt sie Züge einer vor allem kirchenstrategisch begründeten Loyalität.

Der 1939 einsetzende Krieg bedeutete für Lilje einen markanten Einschnitt in seine

Tätigkeitsbereiche und führte zu ihrer weitgehenden Einstellung. Die Arbeit im LWK geriet ins Stocken, schließlich wurde eine grenzüberschreitende Arbeit praktisch unmöglich. Auch die Tätigkeit des Lutherrats reduzierte sich unter dem Einfluß des Krieges immer mehr. Die „Furche" mußte 1941 kriegsbedingt ihr Erscheinen einstellen.

Liljes Mitwirken im Beirat des von Theophil Wurm gegründeten „Kirchlichen Einigungswerks" unterstrich letztmalig vor 1945 Liljes ausgeprägtes Interesse an einer Überwindung der Zersplitterung innerhalb der evangelischen Kirche. Darüber hinaus nutzte Lilje seine frei werdenden Arbeitskapazitäten nun verstärkt als Prediger und Vortragsredner.

Zuspitzung in Kriegszeiten

Die bereits angedeutete Spannung zwischen Kirche und Nationalsozialismus, in der sich Lilje bewegte, fand in den Kriegsjahren ihren Höhepunkt. Die spannungsvolle Ambivalenz zwischen christlich motivierter Obrigkeitstreue und kirchenpolitischer Kritik steigerte sich jetzt ins quasi Unerträgliche. Erleichterung verschaffte Lilje offenbar eine zweifache Wahrnehmung des Staates und eine ebenso doppelte Haltung zu ihm. Einerseits hatte der Krieg bei Lilje wie im gesamten deutschen Mehrheitsprotestantismus ein solidarisches Mittragen des Kriegsunternehmens und eine affirmative Haltung zu den politischen Kriegsführern hervorgerufen. Insbesondere nach den frühen Kriegserfolgen Hitlers stimmte auch Lilje als Kriegsprediger kurzzeitig in den von nationalem Pathos getragenen Jubel über Hitler als Exponenten der militärischen Führung ein und konnte das Kriegsgeschehen aus nationaler Sicht auf ein direktes Einwirken Gottes zurückführen.[11]

Andererseits ließ aber die innenpolitische Bekämpfung der Kirche durch das gleiche politische Personal eine Hoffnung auf eine grundsätzliche Besserung der kirchlichen Lage schon bald nicht mehr zu. Der kriminelle Charakter der nationalsozialistischen Herrschaft trat für Lilje hier immer offener zutage. Als sich die militärische Niederlage des Hitlerstaates abzuzeichnen begann und dessen politische Zukunft sich täglich verdunkelte, wuchs für Lilje die Erfordernis, sein Verhalten gegenüber dem Staat, dessen obrigkeitliche Autorität sich jetzt für ihn zu verflüchtigen begann, in einer für ihn angemessenen Weise zu bestimmen. Lilje sah sich in diesem Zusammenhang selbst ausschließlich als Prediger des Wortes Gottes. Der aktive politische Widerstand, wie er in dieser Phase in seinem Berliner Umfeld erwogen wurde, war für ihn persönlich erklärtermaßen keine Verhaltensoption. Aber auch ohne sich explizit der Bekämpfung des NS-Regimes zu verschreiben, wurde Lilje aus Sicht der Gestapo – wie vorher etwa auch Otto Dibelius und Niemöller – zum Sicherheitsrisiko für den NS-Staat.

Lilje hatte bereits in den Jahren vor seiner Verhaftung erfahren müssen, daß es keiner

Umsturzpläne bedurfte, um mit dem totalitären Staat in Konflikt zu geraten. Insbesondere seine ausgedehnte Reisetätigkeit im In- und Ausland, seine zahlreichen und stets gut besuchten Predigten und Vorträge – zum Mißfallen der Gestapo waren Zuhörerzahlen von 2000 bis 3000 bei Auftritten Liljes keine Seltenheit – sowie seine publizistische Tätigkeit hatten ausgereicht, die besondere Aufmerksamkeit des polizeilichen Überwachungsapparates auf ihn zu lenken. Seiner Verhaftung vorausgegangen waren bereits etliche befristete Redeverbote, Paßentzug und Verhöre, bis schließlich Mitte Juli 1944 durch ein totales Reise- und Redeverbot, mit Ausnahme der Predigten in Berlin, seine bis dahin im großen Stil praktizierte Vortragstätigkeit im ganzen Reich beendet wurde.

Die Verwahrung nach seiner Verhaftung am 19. August 1944 zusammen mit den noch lebenden Personen, die von der Gestapo in einen Zusammenhang mit dem Hitler-Attentat vom 20. Juli gebracht worden waren, sowie der Verlauf der ersten Verhöre machten Lilje umgehend klar, daß man ihn der Mitwisserschaft an den Umsturzplänen bezichtigte, was das Schlimmste befürchten ließ.

Tatsächlich war Lilje vor allem im Zusammenhang mit seiner Berliner Predigttätigkeit, aber auch auf seinen Reisen vor dem Juli 1944 mit führenden Vertretern des Widerstands gegen Hitler in Kontakt geraten. Dies geschah in der Phase, als der Krieg spätestens seit 1943 bei vielen als verloren galt und sich in den einschlägigen Kreisen in Berlin Umsturzpläne verdichteten. Nach Liljes eigenen Worten hat er diese Kontakte nicht ausdrücklich gesucht,[12] allerdings, so läßt sich feststellen, hat er sie auch nicht verhindert.

Lilje war mit Vertretern aus drei maßgeblichen Widerstandskreisen in Berührung geraten. Den Initiator des Kreisauer Kreises, Helmuth James Graf von Moltke, kannte Lilje aus seinen Gottesdiensten, zu dessen gelegentlichen Besuchern der Graf gehörte. Wenige Tage vor seiner Verhaftung hielt Moltke für den 2. Januar 1944 fest: „Wir waren gestern früh in der Kirche und haben das Jahr mit einer mächtigen Predigt von Lilje über Joel 2, 21 begonnen. Ich glaube, daß das die beste Predigt war, die ich bisher gehört habe; und sie war so grundlegend für das Jahr 44 … wir können nur hoffen, daß wir die Kraft haben werden, uns der Aufgabe, die dieses Jahr uns stellen wird, würdig zu erweisen."[13]

Zum Kreisauer Kreis, der sich mit den theoretischen Grundfragen und Grundlagen einer Neuordnung des staatlichen und gesellschaftlichen Zusammenlebens nach dem Sturz des NS-Regimes und dem Ende des Krieges beschäftigte, waren auch Eugen Gerstenmaier und Theophil Wurm gestoßen. Gerstenmaier war Lilje aus dessen Zeit als Referent im Kirchlichen Außenamt bestens bekannt. Mit dem württembergischen Landesbischof Wurm unterhielt Lilje in Beziehung auf dessen Kirchliches Einigungswerk eine enge Verbindung.

Darüber hinaus gehörten auch hochrangige Vertreter des militärischen Widerstands zu Liljes Gottesdienstbesuchern. So war es keine große Überraschung, daß Ludwig Beck und mehrere seiner Mitstreiter sich im bereits erwähnten Neujahrsgottesdienst Liljes 1944 eingefunden hatten. Einer der treuesten Besucher von Liljes Predigten war ein Angehöriger des engsten Verschwörerkreises, den Lilje in seinem Bericht „Im finstern Tal" nur anonymisierend als „Graf X" bezeichnet und dessen Bruder Alexander er im Gefängnis traf.[14] Die Verkettung und Auflösung einiger im Text gegebener Anhaltspunkte erlaubt den Rückschluß, daß es sich bei dem Gottesdienstbesucher um den am Attentatsplan maßgeblich beteiligten Graf Berthold Schenk von Stauffenberg, den anderen Bruder des Attentäters Claus, gehandelt haben muß.

Schließlich stand Lilje auch dem Kreis um den Leipziger Oberbürgermeister Carl Goerdeler, dessen Mitglieder ebenfalls häufig an seinen Gottesdiensten teilnahmen, nicht fern.

Goerdeler selbst hatte den direkten Kontakt zu Lilje gesucht, als er nach einem Vortrag Liljes in einer Leipziger Kirche über „Möglichkeiten eines Christenlebens in der Gegenwart" zu ihm in die Sakristei kam und ihn über seine Umsturzpläne unterrichtete. Die direkte Konfrontation mit Goerdelers Umsturzplänen nötigten Lilje zu einer Stellungnahme: Er sah seine Aufgabe erklärtermaßen auf der Kanzel und hinter dem Rednerpult.[15] Diese Haltung war kennzeichnend für Liljes Kontakte zu den Vertretern der unterschiedlichen Widerstandskreise. Liljes Nähe wurde von diesen in den Monaten vor dem Juli 1944 als Prediger und Seelsorger gesucht; beteiligt hat er sich an Erwägungen über die Zukunft der Kirche, nicht aber an den Attentatsplanungen selbst: Dem Gedanken einer gewaltsamen Ausschaltung Hitlers stand Lilje fern, obgleich er zugestand, diese Möglichkeit aus theologischer Sicht mit der Kategorie des Tyrannenmordes durchaus durchdacht zu haben.[16]

Aus Dokumenten des ehemaligen Reichssicherheitshauptamtes geht hervor, daß man Lilje ursprünglich offenbar in zweierlei Hinsicht zu belasten beabsichtigte. Einmal im Hinblick auf seine Auslandskontakte, hinter denen man offenbar Indizien für eine allgemeine Anklage wegen „Landesverrats" vermutete, sowie im engeren Sinn wegen „Feindbegünstigung", was man in bezug auf eine Begegnung mit Goerdeler nach dem Attentat auf Hitler zu erweisen gedachte.[17]

Für die mit der Strafverfolgung der „Verschwörer" des 20. Juli befaßte höchste NS-Justiz waren deren Auslandsbeziehungen von großem Interesse. In diesem Zusammenhang waren die kirchlichen Verbindungen ins Ausland äußerst verdächtig geworden, da man hier den Grund dafür ausmachte, daß „das Ausland über die Oppositionsbestrebungen innerhalb Deutschlands stets außerordenlich gut unterrichtet war".[18]

Neben Dietrich Bonhoeffer und Gerstenmaier war es vor allem Lilje, der verdächtigt wurde, seine vielen Auslandsreisen und Tagungsteilnahmen im Ausland konspirativ genutzt zu haben. Obwohl aber dem Reichssicherheitshauptamt umfassende Erkenntnisse darüber vorlagen, daß Lilje die „wesentlichen Persönlichkeiten im Ausland bekannt [waren]“[19], wurde der Punkt im Verfahren nicht zur Anklage gebracht. Vermutlich hatten die während der Untersuchungshaft durchgeführten zwei großen Verhöre zu Liljes Auslandsbeziehungen keine konkreten Anhaltspunkte für eine entsprechende Anklage ergeben.

Anders sah es im Fall Goerdeler aus. Offenbar unter den Einwirkungen der Folter, der der Leipziger Oberbürgermeister in seinen vielen Verhören ausgesetzt war, hatte er an einer Stelle auch Liljes Namen im Zusammenhang mit seinen Fluchtbemühungen nach dem Attentat genannt.[20] Nach dem vom Ermittlungsrichter des Volksgerichtshofs ausgestellten Haftbefehl für Lilje galt er als „dringend verdächtig“, nach „Begehung eines Verbrechens dem Täter wissentlich Beistand geleistet zu haben, um ihn der Bestrafung zu entziehen“.[21] Zu dieser Begegnung mit Goerdeler war es am 29. Juli 1944 tatsächlich gekommen, als der Leipziger abends bei Lilje erschien und darum bat, ihm bei der Flucht ins Ausland behilflich zu sein. Diese Begegnung hatte Lilje später den Behörden nicht angezeigt.

Harry Oelke

Anmerkungen

[1] Hanns Lilje: Christus im deutschen Schicksal, Berlin 1933, S. 3.

[2] Hanns Lilje: Luthers Geschichtsanschauung, Berlin 1932.

[3] Hanns Lilje: Das technische Zeitalter. Versuch einer biblischen Deutung, Berlin 1928, S. 126.

[4] Hanns Lilje: Das politische Gesicht der Zeit, in: Ev. Wahrheit 23 (1931/32), S. 70–72, 91–94.

[5] Hanns Lilje: Die geistigen Grundkräfte der heutigen weltpolitischen Lage, in: Furche 19 (1933), S. 82–90, 88.

[6] Lilje, Christus (wie Anm. 1), S. 3, 49.

[7] Karl Barth: Theologische Existenz heute!, München 1933 (= Zwischen den Zeiten, Beiheft Nr. 2).

[8] Vgl. Hanns Lilje: Theologische Existenz und kirchliches Handeln (Gedanken zu Karl Barths Schrift „Theologische Existenz heute!"), in: Junge Kirche 1 (1933), S. 13–147.

[9] Hanns Lilje: Kritik an Barmen, in: Junge Kirche 2 (1934), S. 692–699, 696.

[10] Alfred Rosenberg: Protestantische Rompilger. Der Verrat an Luther und der Mythus des 20. Jahrhunderts, München 1937; Hanns Lilje: Neuentdeckung Luthers?, in: Allg. Ev.-Luth. Kirchenzeitung 70 (1937), Sp. 146–150.

[11] Vgl. vor allem die gedruckte Musterpredigt Hanns Lilje, Predigt am Ende des Feldzuges in Frankreich über Pred. 3, 10–14, in: Pastoralblätter 83 (1940/41), S. 156–159.

[12] Vgl. unten S. 38f.

[13] Freya von Moltke / Michael Balfour / Julian Frisby: Helmuth James von Moltke 1907–1945. Anwalt der Zukunft, Stuttgart 1975, S. 283.

[14] Vgl. unten S. 68.

[15] Vgl. unten S. 38.

[16] Vgl. unten S. 54f.

[17] Hans-Adolf Jacobsen (Hg.): „Spiegelbild einer Verschwörung". Die Opposition gegen Hitler und der Staatsstreich vom 20. Juli 1944 in der SD-Berichtserstattung. Geheime Dokumente aus dem ehemaligen Reichssicherheitshauptamt, Bd. 1, Stuttgart 1984, 502–510, bes. 508, 726, 744–750.

[18] Ebd., S. 508.

[19] Vgl. ebd.

[20] Vgl. unten S. 52.

[21] Haftbefehl des Volksgerichtshofs v. 9.11.1944, Gesch. Nr. O J 14/44 g, Privatsammlung Hafermann, Hildesheim. Der Haftbefehl ist auf insgesamt vier Personen ausgestellt, die alle in der gleichen Sache verdächtigt wurden, der Prozeß ist dann sogar gegen sechs in dieser Sache Angeklagte geführt worden, vgl. das Urteil des Volksgerichtshofs v. 18.1.1945, in: Jacobsen, Spiegelbild (wie Anm. 17), S. 744–750.

Im finstern Tal

Anrede an den Leser

Solltest du unversehens, lieber Leser, über dies Büchlein geraten und zu dem Eindruck gelangen, daß es von Dingen rede, die nicht für die Öffentlichkeit geeignet seien, so sei meiner Zustimmung gewiß. Denn hier ist weder von historischen Zusammenhängen unserer jüngsten Vergangenheit die Rede, die bisher unbekannt geblieben wären, noch wäre der Anspruch biographischer Besonderheit gerechtfertigt, denn tausend andere haben ähnliches wie ich, Ungezählte noch Schlimmeres durchgemacht, noch wird hier das traurige Geschäft betrieben, den Haß in der Welt zu vermehren. Dies Büchlein ist nichts anderes als ein Bericht, der nur wahrheitsgetreu erzählen, aber nicht dramatisieren oder heroisieren will und der mit der Öffentlichkeit so viel und so wenig zu tun hat wie ich selbst.

Aber versuche zu verstehen, lieber Leser, daß es Menschen gibt, denen ich diesen Bericht schuldig bin, und daß ich ihn, wenn ich schon die weite Öffentlichkeit nicht mit meinen persönlichen Erfahrungen zu behelligen wünsche, doch in die Hände jener Menschen übergeben möchte, nämlich

meiner Frau
wegen ihrer unvergleichlichen Tapferkeit
und jenes unerschütterlichen Gleichmaßes,
das nur der christliche Glaube gewährt,

meinem alten Vater
in Ehrerbietung und Dankbarkeit,

meinem alten Bischof
weil er mich im Gefängnis besucht hat und
ich darum seiner nach dem Herrenwort
Matth. 25, 36 gedenken muß,

meinen Kindern
weil sie tapfer und schweigend meine
Last mitgetragen haben, die in viel
höherem Maße, als ich gewußt habe,
auch ihre Last gewesen ist,

allen stillen, tapferen
Christenmenschen
in Berlin und anderswo, die mich mit ihren
Gebeten gestärkt und mit ihren Gaben
während meiner Haft erquickt haben,

jenen deutschen und ausländischen
Christengemeinden,
die für mich regelmäßig namentliche
Fürbitte geübt haben,

und jenen Boten gottes,
die einen besonderen Auftrag an mich auszurichten und mich für den Tod oder das
Leben zu rüsten hatten.

Denn ihrer aller werde ich in Dankbarkeit gedenken, solange mein Erdentag währt. Derer aber, deren Leben nach Gottes heiligem Ratschluß in jener Zeit der Prüfung zu Ende ging und die ihn durch ein getrostes, gläubiges Sterben gepriesen haben, gedenke ich mit den Worten aus dem Buch der Weisheit (3,1–6):

Aber der Gerechten Seelen sind in Gottes Hand,
und keine Qual rühret sie an.
Vor den Unverständigen werden sie angesehen,
als stürben sie,
und ihr Abschied wird für eine Pein gerechnet
und ihre Hinfahrt für ein Verderben.
Aber sie sind im Frieden.
Ob sie wohl vor den Menschen viel Leidens haben,
so sind sie doch gewisser Hoffnung,
daß sie nimmermehr sterben.
Sie werden ein wenig gestäupt, aber viel Gutes
wird ihnen widerfahren;
denn Gott versucht sie und findet,
daß sie sein wert sind.
Er prüft sie wie Gold im Ofen und nimmt sie an
wie ein vollkommenes Opfer.

Der Weg ins Dunkel

Am 19. August 1944 hatte ich morgens um vier Uhr die Burg Bodenstein im Eichsfelde verlassen, auf der ich die Nacht zugebracht hatte, und stieg zu Tal, um den Frühzug nach Berlin zu erreichen. Es war noch tiefe Nacht, und die Sterne funkelten klar vom Himmel. Die Tannen standen hoch und schwarz am Wege, der sich steil ins Tal senkte. Und da der Abstieg in dieser Morgenfrische ganz unbeschwerlich war, wanderte ich, leichtbeschwingt wie nur je eine Gestalt aus Eichendorffs Welt, den Weg hinab.

Als ich die Talsohle erreicht hatte und nun, der Biegung der Landstraße folgend, den östlichen Himmel vor mir sah, erschrak ich plötzlich: Am nächtlichen Himmel, über den sich schon ein leiser blasser Schein breitete, stand in schimmernder Pracht der Orion. Ich hatte nicht bedacht, daß man ihn um diese Zeit, da sich das Jahr schon wieder unmerklich neigt, am frühen Morgenhimmel sehen kann; daher überfiel mich mitten im Sommer dieses winterliche Sternbild unerwartet, und eine jähe, unerklärliche Besorgnis zog wie ein plötzlicher Schmerz über mein Herz hin: Wie würde es im Winter sein, wenn der Orion in seiner hohen Pracht über dem kämpfenden und leidenden Land stehen würde? Und wie würde das neue Lebensjahr für mich sein? Denn es war der Tag vor meinem 45. Geburtstag, und ich hatte einige hübsche Gedanken geträumt, wie ich trotz der Kriegs-

zeit den Tag still, aber festlich zu begehen dachte. Obwohl ich den August als die Höhe des Jahres besonders liebe, konnte ich mich in diesem Augenblick eines drückenden ernsten Empfindens nicht erwehren.
Der Morgen kam, kühl und ein wenig ernüchternd. Im Zuge drängten sich fröstelnd wenige Reisende. Später ging der Tag strahlend und mit immer steigender Wärme auf. Auf der Station Barby überrascht uns der längst fällige Luftalarm; die Sirenen heulen auf, die Luftwarnungsflaggen werden gesetzt, der Zug wird entleert, und wir sehen die silbernen Vögel, bedrohlich und glänzend, in riesigen Scharen durch die herrliche Bläue des makellosen Augusthimmels fliegen – ostwärts, auf Berlin zu.
Mühselige, ungewisse Wartezeit, hundertmal durchgekostet und doch immer aufs neue nervenzerreißend, langsame, sehr verspätete Einfahrt in Berlin, müde Spannung, ob das Haus noch steht, unbeschädigt ist. Es ist noch da; die Kühle und Ruhe drinnen ist wohltuend.
Die treue Magdalena hat mit dem Mittagessen gewartet. Ich schicke sie weg, verschiebe die Mahlzeit auf den Abend, lege mich schlafen, um versäumte Nachtruhe nachzuholen.
Es muß gegen vier Uhr sein, als mehrere Male heftig geklingelt wird. Da es sich wiederholt und Magdalena von ihrem Wege noch nicht zurück ist, stehe ich auf, um zu öffnen. Vor der Haustür stehen zwei Männer, und schlagartig ist mir alles klar. Sie brauchen nicht zu sagen, daß sie von der Gestapo sind und eine Hausdurchsuchung halten wollen; ich nehme sie fast selbstverständlich auf und fordere sie auf einzutreten. Aber zu tief sitzt die stille, ständige Opposition gegen dieses ekle Gewerbe mir im Blut, als daß ich es mir versagen könnte, nach ihren Ausweisen zu fragen. Im Grunde ein überflüssiges Beginnen, Gesichter und Gehabe sind eindeutig genug durch ihren Beruf geprägt; und ganz dunkel, wie in einer fernen Erinnerung, kommen sie mir bekannt vor: Wie oft mögen sie mich, ohne daß ich es wußte, bei Gesprächen in der S-Bahn oder bei Vorträgen und Predigten „überschattet" haben?
Später wird man mir im Verhör vorhalten, daß ich diese beiden so ruhig empfangen habe, als sei ich längst darauf gefaßt gewesen; und das wird richtig sein. Ich bin innerlich eigentlich längst gerüstet, und wie ein selbstverständliches Staunen sagt eine dunkle Stimme in mir: Jetzt also ist es soweit.
Die Haussuchung ist eine merkwürdige Mischung von Penetranz und Oberflächlichkeit; sind diese unvergleichlichen Gestapobeamten nur darauf bedacht, den Anbruch ihres dienstfreien Samstagnachmittages nicht unnötig hinauszuzögern, oder wollen sie nur einen allgemeinen Eindruck von dem Grad meiner Staatsgefährlichkeit gewinnen, indem sie hier einen Stoß Briefe und dort einige Bücher, im Keller einige Papiervorräte und überhaupt keine anständige und zusammenhängende Akte besichtigen? Oder ist diese reichlich dilettantische Haussuchung nur ein Vorwand?

Offensichtlich das letzte; denn nach etwa einer halben Stunde wird mir eröffnet, daß ich verhaftet sei. Ich verlange einen schriftlichen Haftbefehl; für die Gestapo bestehen da keine Schwierigkeiten: Er wird vor meinen Augen ausgestellt. Mein Hinweis darauf, daß ich am anderen Tag, dem Sonntag, Gottesdienst halten müsse und daß mein Fehlen Aufsehen erregen würde, verschlägt natürlich nicht; sie sagen: Dieses Aufsehen werden wir zu verhindern wissen, und ich sage: Das wird Ihnen nicht gelingen. Am Telefon, das sich jetzt wieder lebhaft meldet, darf ich nicht sagen, daß ich verhaftet bin. So antworte ich auf die zahlreichen Fragen, ob ich morgen predigen werde, das sei nicht der Fall; und als gerade in diesem Augenblick Freund P. sich unerwartet auf der Durchreise meldet und zu einer seltenen Flasche Wein einlädt, erwidere ich mit grimmigem Humor, daß wir diesen hübschen Plan ein wenig verschieben müssen. Währenddessen sitzen die beiden wie böse, wachsame Hunde dabei und achten auf jede Bewegung und jedes Wort; einige ironische Bemerkungen von mir lieben sie durchaus nicht.

Nun mache ich mich fertig. Ich wähle einen alten, aber noch immer strapazierfähigen Anzug; da er schwarz und von gutem Schnitt ist, wird er mir in Verbindung mit einer schwarzen, hochgeschlossenen Weste bei den späteren Verhören und anderen „öffentlichen" Anlässen immer ein wenig klerikalen Glanz verleihen, und ich werde das später als eine nette Beigabe empfinden. Außer dem Nachtzeug nehme ich noch zwei oder drei von den letzten Brasilzigarren (die am Abend bereits dem SS-Offizier wohlgefallen werden, der meine Personalien aufnimmt!) und außer der Bibel das schön gebundene Exemplar des griechischen Neuen Testamentes von Soden, weil es mit seinen klaren, großen Typen auch in einer Zelle gut lesbar sein wird. Dazu einen leichten Mantel und nach einigem Überlegen auch einen Hut. Aber eine Schwierigkeit ist noch da: In meiner Rocktache ist ein handgeschriebener, kurzer englischer Brief von Robert Mackie, dem Generalsekretär des Christlichen Studentenweltbundes. Es ist zwar nur ein ganz einfacher, christlicher Brudergruß, und weder Robert noch ich haben bisher Fähigkeiten als Verschwörer aufzuweisen. Aber da die Gestapo nun einmal zu Mißtrauen geneigt ist, könnte sie den Brief als belastend ansehen, wenn ich nachher auf den Inhalt meiner Taschen durchsucht werde; und außerdem braucht sie nicht von mir zu erfahren, daß Schönfeld und einige andere solche Grüße über die Grenze zu bringen pflegten. Und siehe – es gelingt: Für kurze Zeit kann ich durch eine einfache, fast plumpe Zwischenfrage die beiden trennen, in der Küche geht der eine wie erwartet auf die weit geöffneten Fenstertüren zu und tritt für einen Augenblick auf die Terrasse – blitzschnell ist der Brief in den Abfalleimer geflogen, und ich überlasse es der göttlichen Weltlenkung, dafür zu sorgen, daß er dort auch bald verschwinden

wird. Es hat später keine Rolle gespielt, und das war gut so.
Nun muß noch die Rückkehr von Magdalena abgewartet werden. Nach einer knappen Viertelstunde ist sie wieder da. Ihre Haltung bei der Nachricht von meiner Verhaftung ist trotz ihrer sechzehn Jahre großartig und von derselben gefaßten Ruhe, mit der sie unzählige nächtliche Luftangriffe überstanden hat. Dann verlassen wir das Haus.
Wohin geht die Fahrt?
Auf meine Frage hatten die beiden nur geantwortet, daß sie auf Weisung einer „sehr hohen Stelle" handelten. Im Munde der Gestapo konnte das eigentlich nur Himmler selbst sein. Aber als wir nun in die Lehrter Straße einbiegen und sich die schweren großen Türen des Untersuchungsgefängnisses auftun (ich spüre noch den Gegensatz zwischen dem strahlenden Augustnachmittag und dem schmutzigen Gefängnisgemäuer), fällt mein Blick auf das Schild am Eingang: „Reichssicherheitshauptdienst". Also bin ich der höchsten Gruppe der staatsgefährlichen Gefangenen zugerechnet.
Die Aufnahmezeremonien sind eigentlich erträglich. Es ist eine Schreibstube da, in die ich geführt werde. Die Uhr zeigt etwas nach fünf. SS-Offiziere verschiedener Ränge sind da; ich kenne sie nicht alle genau auseinander. Einer schreibt meine Personalien auf. Daß ich Pfarrer bin, erregt immerhin allgemeine Aufmerksamkeit; aber die Frage, wie ich denn dazu komme, verhaftet zu werden, kann ich auch nicht beantworten. Dann wird mir wie jedem Häftling abgenommen, womit ich Unheil stiften könnte: Hosenträger, Krawatte und Gürtel, weil man sich damit aufhängen kann, den Rasierapparat läßt er mir, aber ohne Klingen, weil man sich mit ihnen die Pulsader aufschneiden kann, auch die unschuldigen Sockenhalter müssen herunter (welches Unheil könnten sie eigentlich anrichten?), selbst die harmlosen Schnürbänder müssen aus den Stiefeln heraus; und trüge ich nicht ein sportliches Hemd, so müßte ich auch noch die Schmach ertragen, die jeden gut angezogenen Gentleman tief treffen muß: ohne Kragen, nur mit einem Kragenknöpfchen bekleidet, herumzulaufen. Aber nun wird es ernster: Außer den Ausweispapieren müssen auch Geld und Wertsachen abgegeben werden: mein goldener Siegelring und meine schöne Schweizer Armbanduhr, mein Füllfederhalter und mein silberner Vierfarbenstift, ja, schließlich auch mein Trauring. Ich habe sie nicht wiedergesehen.
Am schlimmsten ist es, daß ich auch Bibel und Neues Testament abliefern muß. Kein Einwand hilft; weder der, daß ich Pfarrer bin und die Gestapo sonst meinen Pfarrerfreunden die Bibel belassen hat, noch, daß ich morgen meinen 45. Geburtstag damit beginnen wollte, einen Psalm zu lesen: „Bei uns gibt es das nicht." Und damit händigt er mir meine „Zimmernummer" aus.
Schließlich ist alles soweit, daß ich zu einer Zelle durchgeschleust werden kann. Ich lerne, daß ein Inhaftierter mit dem Gesicht

zur Wand warten muß und sich bei tausend schrecklichen Strafen nicht umsehen darf; ich lerne, daß man im Gefängnis des Reichssicherheitshauptdienstes die laute und vernehmliche Diktion mit eindeutig brutalem Einschlag liebt. Ein kleiner schwärzlicher Schrumpfgermane in Hemdsärmeln, ohne Uniform, der fortgesetzt Nummern in die hohe Halle schreit, ruft: „Posten III! 176 Zugang“, und ich werde unter dem anfeuernden Gebrüll eines SS-Mannes, der nur ein merkwürdiges Deutsch beherrscht, über die klappernde Eisentreppe in den dritten Stock und in die Zelle 176 geführt. Ein anderer volksdeutscher SS-Mann mit ebenso merkwürdigem Deutsch nimmt mich in Empfang, und in wenigen Augenblicken fällt die schwere, eiserne Tür der Zelle 176 hinter mir ins Schloß.

Dieser Augenblick ist der schwerste, schwerer als die Stunden und Tage der Todesnähe. Als die Zellentür ins Schloß schlug, habe ich mich auf die Pritsche geworfen und gebetet: Laß mich die Tür vergessen! – diese Tür, die so vernichtend schwer und unwiderruflich ins Schloß gefallen war.

Sie ist ganz glatt, von einer so verhängnisvoll sauberen Glätte, daß auch der Einfältigste begreift: Hier ist nichts zu machen, mein Lieber! Ein Guckloch ist in der Mitte, durch das der Posten von außen hereinschauen kann, darüber ist eine Öffnung in der Mauer, damit der Posten sofort hören kann, falls du Unsinn betreibst. Das hat den Vorteil, daß du jedes Geräusch, das in dieser hohen Halle verdoppelt wird, unvermindert mitbekommst. Heute ist offenkundig Hochbetrieb; unausgesetzt hallen die lärmenden Rufe des kleinen Schrumpfgermanen durch die Halle: Posten III! Zugang! – Das Gestapogefängnis in der Prinz-Albrecht-Straße ist längst überfüllt; hier in der Lehrter Straße sind schon zwei Flügel als „Hausgefängnis“ für den Reichssicherheitshauptdienst eingerichtet.

Ich bin mir sofort darüber klar, daß sich vor Montag nichts ereignen kann; heute ist mit allem Schluß. Sogar das „Abendbrot“ ist schon ausgeteilt, und ich, der ich seit drei Uhr früh auf den Beinen bin, der ich überdies die Mittagsmahlzeit ausgeschlagen habe, empfinde nun doch erheblichen Hunger. Mit Mühe und Not wird durch einen menschlichen Kalfaktor, also einen Mitgefangenen, noch ein Stück trockenen Brotes besorgt. Wasser ist im Krug. Das Inventar, Krug, Waschschale, Eßnapf, Löffel, ist unbeschreiblich abgenutzt und schmutzig, die Bettwäsche flößt mir Grauen ein.

Wie wohl die meisten in solcher Lage bin ich von einem naiven Optimismus erfüllt und halte das Ganze für eine Angelegenheit von Tagen; als aber mein Blick auf eine mächtige Gruppe von Bäumen fällt, die jenseits der hohen Mauer majestätisch in den klaren Augusthimmel ragen, zieht mir plötzlich wieder – wie in der Morgenfrühe – jäh und unerklärlich die Vorstellung durch den Sinn, ich könnte diese Bäume herbstlich gelb oder gar winterlich kahl werden sehen! Eine niederdrückende Idee, wie ein Schlag auf die Brust.

Da beginnt langsam der Schrecken wie ein ekles Tier emporzukriechen. Mit unheimlicher Schärfe sehe ich mich selbst und meine Lage: die dumpfe, schmutzige Zelle mit den eisernen Stäben, draußen der makellose Augusthimmel, der sich in silberblauer Pracht mächtig und weit spannt, aber er ist schon fast nicht mehr wirklich, vor dieser unsichtbaren dunklen Wand, die da vor mir steht, diese dunkle, gefährliche, bedrohliche Gegenwart, gegen die ein einzelner äußerlich wehrlos ist. Hier kann ich verschwinden, ohne daß je wieder eine Spur von mir ans Licht dringt.

Und der Schrecken beginnt langsam weiterzuwachsen und wird immer größer und furchtbarer, je mehr mir die Einzelheiten meiner Lage erkennbar werden. Langsam dämmert die Erkenntnis, daß jene dunklen Flecken am Boden nicht von Schmutz herstammen, sondern Blutflecke sind, die kein Scheuern abwäscht, sondern die – wie der Blutstein Parricidas – immer wieder durchscheinen. Der dunkle Fleck neben der Pritsche muß von einem Unglücklichen herrühren, der sich die Pulsadern aufgeschnitten hat; und was den großen, dunklen Fleck an dem Fenster betrifft, so kann er nur von jemandem stammen, der sich an den eisernen Gitterstäben erhängt hat.

Nun beginnt mein Ohr auch die lärmenden Eindrücke aus der Halle des Gefängnisflügels aufzunehmen und zu sammeln. Die Akustik da draußen ist wie in einer hohen weiten Kirchenhalle; aber da die Treppen und Gänge aus hallendem Eisen sind, ohne Holz, das den Schall gütig abdämpfen und verwandeln würde, klingt alles hart und platt und vordergründig. Durch die Öffnung über der Zellentür dringt der ununterbrochene Lärm Tag und Nacht unbarmherzig herein. Noch immer werden Zellennummern ausgerufen – Zugang, Abgang, Verhöre, Mißhandlungen oder Schlimmeres, was weiß ich?

Und nun vernehme ich ganz deutlich in der Zelle nebenan ein langes, bald steigendes, bald schwächer werdendes Stöhnen, hin und wieder durch winselnde Aufschreie unterbrochen, dann kommt jedesmal der Posten und fährt den Unbekannten scharf an – ist er krank, oder leidet er unter den Folgen einer Folterung? Viel mehr noch als die physische Not dieses Unglücklichen macht mir die Einbuße an Menschen- und Manneswürde zu schaffen, die sich in diesen klagenden Ausbrüchen kundtut.

Aber nun fängt wenige Zellen weiter links einer an, in Tobsuchtsanfällen gegen seine Tür zu trommeln; seine immer schriller werdenden Schreie „Ich bin unschuldig!“ beweisen, daß er völlig die Kontrolle über sich selbst verloren hat, bis er – ich höre die Einzelheiten genau – durch Einspritzung irgendeines Mittels zu verdächtiger Ruhe gebracht wird.

In diesem Augenblick steht mein Entschluß fest: alle Kräfte des geistigen und seelischen Widerstandes in mir zu mobilisieren, damit ich unter keinen Umständen solchen Zusammenbrüchen erliege.

Da wird mir eine der köstlichsten Gaben zuteil, die mir schon unzählige Male in meinem Leben geholfen hat: der Schlaf. Ich lege mich auf der Pritsche schlafen. Und da ich mit dieser köstlichen Gabe, obwohl sie mir in jeder Minute zur Verfügung steht, sehr im Rückstande bin, da ich einen langen, früh begonnenen und immerhin ereignisreichen Tag hinter mir habe, schlafe ich trotz der harten Lagerstatt und des unaufhörlichen nächtlichen Lärmes, selbst trotz der schauderhaft grellen Lampe, die uns die ganze Nacht unmittelbar aufs Lager scheint, wunderbar fest und tief, so daß ich am anderen Morgen völlig erfrischt und gestärkt aufwache und die Welt anders ansehe.

Es war Sonntag, der 20. August 1944 – mein 45. Geburtstag! Der Tag war von jener blendenden Majestät, wie ich ihn mir für diesen Tag auf der Höhe des Jahres gewünscht hatte, der Himmel war ein Dom von Licht, und die Sonne hüllte die Erde in ihre strahlende Glut. Da hörte ich plötzlich aus einem Fenster im anderen Flügel, ohne daß ich genaueres erkennen konnte, hallend über den Platz pfeifen: „Wer nur den lieben Gott läßt walten ...“! Wie elektrisiert sprang ich ans Fenster und antwortete, sobald der unbekannte Mitchrist drüben geschlossen hatte, mit dem Choral: „O, daß ich tausend Zungen hätte!“ Wir wechselten pfeifend noch je eine Strophe, bis drüben der Wachtposten mit polterndem Lärm ein Ende machte und auch der Posten auf meinem Gang nahte, der aber, da ich längst wieder friedlich in meiner Zelle war, nichts entdeckte.

Für einen Augenblick kehrte noch einmal jener langsam wachsende Schrecken von gestern abend wieder: Ich hatte in der Nähe Schüsse vernommen, die man mit einer fast friedlichen Regelmäßigkeit fallen hörte, und hatte tatsächlich zuerst geglaubt, die SS-Männer hielten ihre morgendliche Schießübung ab – bis mir jäh der Gedanke aufstieg, daß da Menschen aus unserem Gefängnis „erledigt“ würden.

Da hoben in der Ferne Glocken an zu läuten; ich versuchte, am Stande der Sonne die Zeit zu erraten, und ging Stunde um Stunde den Sonntagvormittag durch, malte mir die wartende Gemeinde aus und hielt im Geiste den Gottesdienst mit. Da fühlte ich in der Tasche einen ganz zusammengefalteten Zettel, den gestern der aufnehmende Beamte nicht entdeckt und ich selbst übersehen hatte; es waren Notizen zu der Predigt über 1. Kor. 15,1–10, die ich hatte halten wollen. Nun konnte ich den Text überdenken.

Von meinen Mitgefangenen habe ich bis zur Stunde noch nichts gesehen oder gehört. Die Zellennummern, die in den nächsten Tagen unablässig gerufen werden, hüllen alles in eine bedrückende Anonymität. Am vierten oder fünften Tage wird eine Gruppe von uns für das Verbrecheralbum fotografiert; wir stehen, in langen Abständen, die Gesichter zur Wand, auf der Treppe und den Gängen herum, bis wir draußen fotografiert werden. Der Fotograf ist von einer sehenswerten Ungeschicklichkeit; da er alles durcheinanderbringt, werden, um weitere Irrtümer zu vermeiden, die Namen aufgerufen, und auf diese Weise erfahre ich, daß mein Nachbar Schulenburg heißt, höre weitere Namen, die alle in die gleiche Richtung weisen; ich begreife, daß ich mit dem 20. Juli in Zusammenhang gebracht werde. Beim Fotografieren selbst bin ich mir über das Erforderliche durchaus klar; ich weiß, daß man aus einem unrasierten Gesicht, zumal wenn ungeordnete Kragenverhältnise hinzukommen, spielend leicht eine Verbrechervisage machen kann, wenn man das Opfer veranlaßt, nach unten zu sehen. Und da man nicht wissen kann, welche Publizität man uns zugedacht hat, recke ich auf alle Fälle das Gesicht kühn der Sonne zu, um in passabler Haltung auf die Platte gebannt zu werden. Aber bei der zweiten Aufnahme begreift einer der Aufsicht führenden SS-Beamten mein Vorhaben und veranlaßt mich mit brüllendem „Kinn an die Binde!“, zur „vorschriftsmäßigen“ Haltung zurückzukehren. Ich gehöre nicht zu jener Menschengruppe, deren Vorrecht die heroische Pose ist.

Aber ein Gutes hat diese kurze Begegnung mit den Mitgefangenen gebracht: Die stürmenden und bohrenden Gedanken über den Anlaß zu meiner Verhaftung bekommen eine neue Richtung.

Bis dahin hatte ich drei verschiedene Möglichkeiten erwogen. Die erste betraf Gerstenmaier. Er war am Abend des 20. Juli im Gebäude des OKW mit York und anderen verhaftet. Obwohl ich keine Einzelheit kannte, wußte ich naturgemäß von seinen ökumenischen Beziehungen. Er hatte Schönfeld und anderen ermöglicht, die Verbindung mit den ökumenischen Verbänden in Genf aufrechtzuerhalten, und auf diesem Wege waren mir regelmäßig Nachrichten aus den verschiedensten ausländischen Kirchengebieten zugegangen, ich hatte theologische literarische Neuerscheinungen kennengelernt und zuweilen Grüße von ausländischen Freunden erhalten.

Das alles war nun zwar weit entfernt davon, staatsgefährlich zu sein. Für jeden Christen, ja schon für jeden halbwegs vernünftigen Menschen war ganz klar, daß hier überhaupt keine politischen Dinge im eigentlichen Sinne verhandelt wurden; aber natürlich war ich nicht naiv genug zu übersehen, daß alles dies trotzdem das höchste Mißtrauen der Gestapo erwecken mußte. Was ihnen schon bei uns zu Hause als christliche oder kirchliche Opposition vorkam, das mußte natürlich, wenn es aus dem „Auslande“ kam, doppelt verdächtig erscheinen. Und angesichts der provinzialistischen Abneigung des Deutschen gegen alles „Ausländische“ war klar, daß die öffentliche Meinung ein Vorgehen gegen uns aus solchen Gründen für durchaus gerechtfertigt halten würde. Nun hatte mir Frau Gerstenmaier, die ich mehrfach gesehen hatte, berichtet, daß man insbesondere ein geheimnisvolles Aktenstück suchte, das ihr Mann in Verwahrung haben sollte. Schon vorher hatte es eine Rolle gespielt, und schon damals war mir eine Warnung zugegangen; aber da ich nichts dergleichen besaß, hatte ich diesen Nachrichten und Warnungen keine Bedeutung beigemessen, war aber nicht völlig ungerüstet.

Die zweite Vermutung betraf Goerdeler. Nach einem Vortrag, den ich in einer Leipziger Kirche über „Möglichkeiten eines Christenlebens in der Gegenwart" gehalten hatte, war er zu mir in die Sakristei gekommen und hatte Fühlung mit mir gesucht. Die ungewöhnliche Offenheit, mit der Goerdeler seine Pläne besprach, hatte mich immer mit größtem Mißtrauen erfüllt. Sie entsprang zweifellos seiner persönlichen Unerschrockenheit; aber daß unter unbefangener Benutzung des Telefons ein so ausgedehnter Kreis, den schon ich übersehen konnte, von Goerdelers Kritik und Plänen sprach, erschien mir als ein verwunderlicher und gefährlicher Dilettantismus. Daß angesichts dieser Offenheit und Unvorsichtigkeit von lauter Leuten, die eben keine zünftigen Verschwörer waren, die Gestapo weder irgendeinen der Hauptbeteiligten vorher ausfindig gemacht, noch den Anschlag vom 20. Juli hat verhindern können, ist schlechthin unbegreiflich. Entweder waren die Verschwörer zu tief in ihre eigenen Reihen, und das kann nur heißen, in ihre eigenen führenden Kreise hineingedrungen, oder sie waren unfähiger, als der deutsche Bürger glaubte. Wahrscheinlich trifft beides zu. Ich sah in den späteren Wochen mehr als einen SS-Führer als Häftling, der in irgendeiner Weise am 20. Juli beteiligt war; andererseits habe ich auch einem der verhörenden Gestapisten vorgehalten, daß es nicht nur für mich unverständlich war, woher die Gestapo noch im Hochsommer 1944 Zeit und Leute nahm, um sämtliche Pfarrer der Berliner Bekennenden Kirche darüber zu verhören, wohin sie ihre Kollekten abführten, während sich fast unter ihren Augen eine Verschwörung gegen Hitlers Leben vorbereitete!

Mein eigener Grund, gegenüber Goerdeler Zurückhaltung zu üben, war die Tatsache, daß ich nicht die Berufung zu unmittelbarem politischen Einsatz empfinden konnte. Ich hatte zu jener Zeit eine so blühende Vortragsarbeit, daß ich noch heute nur mit Bewegung an jene spannungs- und erwartungsreiche Zeit zurückdenken kann, in der unter den immer härter werdenden Schlägen des Luftkrieges der innere Hunger immer stärker erwachte. Noch heute bewegt mich das Bild jener vielen überfüllten Kirchen, die oft von 2000 bis 3000 Menschen besucht waren; die meisten liegen heute in Trümmern. Es konnte mir nicht zweifelhaft sein, daß hier mein eigentlicher Auftrag lag; war ich Prediger des Evangeliums, so durfte ich nicht auch etwas anderes sein wollen.

Aber dem Kreise seiner Mitarbeiter stand ich nicht fern. Sie kamen häufig in meine Gottesdienste, um jene Zeit kannte sich in Deutschland ein bestimmter Kreis von Leuten ohne jede Verabredung von selbst. Und so habe ich, wenngleich ich an der aktiven Vorbereitung des 20. Juli in keiner Weise beteiligt war und von meinen Bekannten, die mein geistliches Amt in dieser Hinsicht respektierten, ohne daß je ein Wort darüber gefallen wäre, auch nie dazu aufgefordert worden bin, doch selbstverständlich an mancher Erwägung über die Zukunft teilgenommen, soweit Kirche und geistiges Leben in Betracht kamen. War jemandem zu jener Zeit klar, wohin der Weg gehen würde – und mir war nicht mehr der leiseste Zweifel daran, daß wir auf die Katastrophe zutrieben –, dann war es Vaterlandsverrat, sich über die Zukunft keine Gedanken zu machen. Aber daß dies alles kein aktiver Einsatz bei der Vorbereitung des 20. Juli war, ist wohl deutlich.

Auch Goerdeler scheint über dies Attentat anderer Meinung gewesen zu sein als Stauffenberg; aber als er später auf der Flucht um meinen Rat bat, habe ich ihm geholfen, wie es die Kirche in vergangenen Jahrhunderten oft getan. Diese Tatsache habe ich später vor der Gestapo zugestanden.

Die dritte Vermutung war allgemeiner Natur gewesen. Vom Blickpunkt der Gestapo aus war ich eigentlich längst fällig. Genug Zwischenfälle im einzelnen hatten sich zugetragen, Ausweisungen, befristete Redeverbote, Entzug des Reisepasses, Verbot meiner Zeitschrift, wiederholte Verhöre, kurz, lauter Mahnmale, wie sie den Weg vieler rechtschaffner Deutscher, die das öffentliche Leben nicht ganz vermeiden konnten, zierten. Schließlich hatte die Gestapo ihre wahre Meinung mir gegenüber dadurch kundgetan, daß sie mir wenige Tage vor dem 20. Juli ein totales Reiseverbot zudiktierte, das mit Ausnahme der Predigttätigkeit in Berlin auch ein vollständiges Redeverbot in sich schloß. Daß ich fällig war, stand also völlig unabhängig vom 20. Juli fest. Was man mir von dieser Seite her vorwerfen konnte, war uferlos. Ließ man das tausendfach zugesagte Recht gelten, so war ich unschuldig; nahm man den in meiner öffentlichen Tätigkeit unverkennbar zutage getretenen Gegensatz gegen die Grundlehren des Nationalsozialismus zum Anlaß meiner Verhaftung, dann war jedes Nachdenken über die juristischen Möglichkeiten gegenstandslos. Da sich in den ersten Tagen nach der Inhaftierung keinerlei Anzeichen dafür ergeben hatten, daß man sich an den Rechtsweg zu halten gedachte, da man mir weder einen inhaltlichen Haftbefehl erteilte noch auch die Möglichkeit zu einer Vernehmung gab, sondern einfach allen täglich früh beim Posteingang erneuerten Forderungen zum Trotz mich zunächst unbeachtet in der Zelle ließ, hatte ich langsam mit der letzten Möglichkeit gerechnet.

Als die bei weitem traurigste und niederdrückendste Menschengruppe in unserem Verlies erschienen mir zuerst die Wachmannschaften. Es waren volksdeutsche SS-Leute aus Siebenbürgen, der Batschka und andern balkanischen Gegenden. Die meisten waren noch erstaunlich jung, einige eben erst 18 oder 19 Jahre alt. Ihr Deutsch war meist mangelhaft, etliche sprachen es überhaupt nur gebrochen; in was für erstaunlichen sprachlichen Wendungen habe ich mich von ihnen anbrüllen lassen müs-

sen! So klang bei ihrem Getöse immer ein leiser humoristischer Unterton mit, den ich auf meine Weise genoß. Übrigens habe ich es zum bassen Erstaunen dieser Männer zu wiederholten Malen an kräftiger, äußerst lauter Gegenwehr nicht fehlen lassen.
Sie waren eigens, um uns Staatsverbrecher zu bewachen, aus der Front zurückgezogen, man hatte ihnen aufgetragen, mit diesen Verrätern nicht sanft umzugehen, und sie haben das Ihre getan, um diesem Geheiß wörtlich zu folgen. Nun war es den meisten einfach zu Kopf gestiegen, daß sie als junge Soldaten Generäle und Professoren kommandieren und dabei allen unterdrückten subalternen Komplexen freien Lauf lassen konnten.
Wenn ich die durchs Leid geprägten Gesichter der Mitgefangenen sah, lauter Persönlichkeiten, die im Leben hohe Verantwortung zu tragen gewohnt waren, und dazu die vollendete Würde wahrnahm, mit der sie ihr Geschick trugen, dann konnte ich nie dem Eindruck wehren, hier sei eine geisterhafte Verwechslung geschehen, die Rollen seien dämonisch vertauscht, eigentlich müßten Gefangene und Wächter die Plätze wechseln. Oder war das Ganze auch nur die symbolhafte Selbstenthüllung einer politischen Ordnung, die unmittelbar vor dem Zerfall stand?
Später, als man die Gesichter dieser Männer besser unterscheiden lernte, vollzog sich ein völliger Wandel des Urteils bei mir. Das dauerte freilich lange, weil in den ersten Wochen das absolute Sprechverbot strengstens innegehalten wurde (ich habe wochenlang wie ein Trappist gelebt) und weil überdies die Wachmannschaften ständig wechselten, um jede Gefahr irgendeiner vertraulichen Annäherung auszuschließen. So lüftete sich der Schleier der Anonymität, der auch unsere Wächter deckte, nur sehr langsam und sehr spät. Aber trotzdem wurden allmählich die Gesichter der Gutgearteten erkennbar, die sich unter dem verhärteten Äußeren ein menschliches Bild bewahrt hatten und die man darauf ansprechen konnte. Aber auch die jüngeren Rohlinge lernte ich mit der Zeit ganz anders beurteilen. Gerade sie waren in einer besonderen Weise Opfer des Dritten Reiches. Ganz jung, ohne alle eigene Kenntnis von der Wirklichkeit des Dritten Reiches, waren sie beim Einmarsch der deutschen Truppen in ihr Gebiet zur SS überredet oder gepreßt worden. Die meisten hatten ihre Angehörigen lange nicht mehr gesehen und waren jetzt, nach dem Einmarsch der russischen Truppen in ihre Heimat, zumeist in größter Sorge um sie. Den schützenden Raum der Heimat hatten sie auch geistig längst verloren, die SS-Moral in geschlechtlichen Dingen hatte das Ihre getan, und nun waren sie, lauter gesunde, kräftige, waffenfähige Leute, zum Wachdienst nach Berlin kommandiert! Buchstäblich ihr ganzes Leben bestand in diesem über alle Maßen eintönigen Dienst – vier Stunden Wache, vier Stunden Bereitschaft, vier Stunden Freizeit. Was sie mit ihrer Freizeit machten, war völlig ihnen überlassen; und was es in dem

schon völlig zerstörten Berlin für sie noch an „Freuden“ gab, darüber ließen ihre laut und rückhaltlos geführten Gespräche keinen Zweifel. Die meisten von ihnen verkamen einfach, und zwar nicht einmal auf sehr dramatische Weise; Nichtstun und Inhaltslosigkeit, dazu die erzwungene Brutalität fraßen sie von innen her auf. Hinter wie vielen dieser immer leerer werdenden Gesichter konnte man noch ohne Mühe den frischen Bauernburschen von einst entdekken! Es ist bitter und schmerzlich zu denken, daß das Dritte Reich unter ihnen nicht weniger Opfer gefordert hat als unter uns. Ihre Unterführer waren zumeist gänzlich wertlos; wie töricht viele von ihnen waren, ging daraus hervor, daß sie gegen Ende, als der Ausgang der Dinge schon kaum noch zweifelhaft sein konnte, mit doppelt zackiger Brutalität die Ordnung aufrechtzuerhalten versuchten, die im übrigen durch uns – schon aus ganz primitiver Klugheit – nicht sonderlich gefährdet war.

Später aber gelang doch mit dem einen oder andern ein ernsthafteres Gespräch; ich konnte dieser Verwirtschaftung junger Menschen einfach nicht wortlos zusehen. Das Mittel, den Zugang zu gewinnen, war ganz einfach; ich sagte bei den üblichen Verrichtungen, bei denen wir mit dem Posten zu tun hatten, beim Heraussetzen der Wasserkrüge oder beim Abliefern der Handtücher „danke“ – ohne besonderen Akzent, nur mit der Selbstverständlichkeit des gut erzogenen Menschen. Es war erstaunlich, wie verschieden die Reaktion auf dies einfache Wörtlein war. Jedenfalls hat es mir den Weg zu den Ansprechbaren eröffnet und mir Gelegenheit zu einigen ernsthaften Gesprächen gegeben.

Mit dem gleichen kleinen Wörtlein habe ich einmal einen alten, schon ganz verknitterten Justizbeamten in Tegel völlig aus der Fassung gebracht. Es war in den ersten schweren Tegeler Tagen, als der Befehl zur Fesselung noch ganz neu war. Dieser Alte hatte eines Abends vor dem Schlafengehen meine Fesseln abschließen müssen, und als er fertig war, hatte ich es mir nicht versagen können, mit höflichem, weltmännischem Tonfall „danke sehr“ zu sagen. Wie benommen stand er auf und ging hinaus, kam aber dann sofort wieder herein und sagte fast rauh: „Für so etwas brauchen Sie sich doch nicht auch noch zu bedanken“, worauf ich erwiderte: „Sie haben doch nur Ihre Pflicht getan“ – Zauberwort für jede gute deutsche Beamtenseele! Wenn er noch gewußt hätte, wie man zärtlich wird, wäre er es jetzt geworden. So schritt er nur unverständlich grunzend von dannen.

So geht die Zeit ihren schweren, ungewissen Gang. Die Abgeschlossenheit ist vollständig. Außer den ganz wenigen dienstlichen Bemerkungen von und zu den Posten fällt kein Wort; wenn morgens, mittags und abends die Mahlzeiten gebracht werden, steht alles, was es für mich noch von der Welt gibt, an meiner Zellentür. Keine Uhr, nicht ein Fetzen Papier zum Schreiben oder Lesen – nur die vier kahlen Zellenwände, das ist alles. Man muß alle Mittel geistiger

Selbstbehauptung mobilisieren, um nicht aus den Fugen zu geraten. Keine Nachricht von draußen nach drinnen oder umgekehrt. Und doch fehlt es an Tröstungen Gottes nicht. Eine von seinen geringen Tröstungen war es, daß ich eines Tages einen Falken kreisen sah. Der Augusthimmel stand noch in seiner vollen, makellosen Pracht über dem grauen, toten Viereck des Gefängnishofes, der gerade in dieser sommerlichen Welt lähmend leer wirkte. Da stieß plötzlich von irgendwoher ein Falke in das lichte Blau über uns und zog hoch oben seine wunderbaren Kreise – ein herrliches Bild kreatürlicher Freiheit! Irgendeine Beute, die er hätte erspähen können, gab es in diesem leeren Gefängnishofe nicht; so hatte ich den Eindruck, er sei auf Gottes Geheiß gekommen, und das Wort Calvins zum 104. Psalm zog mir tröstlich durch den Sinn: Status mundi in dei laetitia fundatus est. Wenn uns die Überwelt gegenwärtig ist und als die größere und mächtigere Wirklichkeit über unserer äußeren Welt steht, empfinden wir auch den geringsten Strahl, der von ihrer Herrlichkeit auf unsern Weg fällt, mit mehr als alltäglicher Bedeutung.

Ganz unvergeßlich, so daß ich heute noch die Atmosphäre zu spüren glaube, war der Tag, da wir zuerst zu einem kurzen Spaziergang ins Freie kamen, ein Oktobertag, von jener durchsichtigen Klarheit des hohen Herbstes, die ich über alles andere im Jahr liebe.

Es war in Tegel, wo der sehr pedantische, aber geregelte Tageslauf der preußischen Justizverwaltung galt. Da niemand daran gedacht hatte, das Gegenteil anzuordnen, wurden wir nach der Hausordnung früh auf den Hof zum Spaziergang gebracht. Der Tag war von fast sommerlicher Wärme. Wunderbar leuchtete das erste zarte Herbstgold einer Birke über die hohe Mauer, und unwahrscheinlich süß war es, die Luft, diese reine, herbstliche Luft zu atmen. Während ich sie förmlich trank, suchte ich vergeblich nach den großen Stellen unserer klassischen Dichtung, da die Luft der Freiheit besungen wird; weil mein Gedächtnis sie nicht hergab, hielt ich Einkehr bei dem Lobgesang der Psalmen. Dieser Augenblick nach wochenlanger Abgeschlossenheit war unvergeßlich.

Verhöre

In den weitaus schwierigsten Teil meiner Gestapohaft ging ich mit der fröhlichen Zuversicht eines sozusagen privaten Optimismus hinein; aber buchstäblich in wenigen Minuten wehte mich der heiße Atem schwerster geschichtlicher Entscheidungen an. Wie im Sturmwind wurde ich aus der Erwartung, es werde so schlimm nicht sein, herausgerissen, die Nebel privater Erwägungen zerteilten sich, und ich sah mich unversehens in der breiten Front des großen geschichtlichen Widerstandes gegen die Mächte des politisch Bösen.

Die Gestapo wußte, wenngleich sie keineswegs alles wußte, weit mehr von mir, als ich je vermutet hatte; ich begriff ganz langsam, daß sie mir seit langem die Ehre einer ganz beträchtlichen Beachtung geschenkt hatte. Die Haft war nur der Schlußpunkt einer Entwicklung, auf den jenes allgemeine Reise- und Redeverbot kurz vor dem 20. Juli schon unmißverständlich hingewiesen hatte; für die Gestapo war ich längst fällig, ja überfällig gewesen.

Die Verhaftung schien nun die Möglichkeit zu bieten, mich mit einem Schlage auszulöschen. Denn sie erfolgte unter der Voraussetzung meiner vollen Mitwisserschaft am Anschlag des 20. Juli. Das wurde mir nach wenigen Sätzen klar, als an einem schönen, noch immer sonnigen und klaren Augustmorgen Dr. Neuhaus im Hauptquartier des Reichssicherheitshauptdienstes in der Meinekestraße mich zu verhören begann. Dieser knapp mittelgroße, sehr dunkelhaarige und sehr exzitable Mensch war wegen seiner Verhöre gefürchtet. Er hatte alle Hauptbeteiligten am 20. Juli, vor allem die zuerst Verurteilten, in seinen Vernehmungen zur Strecke gebracht und genoß unter den Seinen den Ruf, diese Dinge weitaus am besten zu verstehen. Als es mir gelang, auf einer Aktenmappe oder einem Briefumschlag seinen Namen zu entdecken (sonst hüllte sich dies Haus bekanntlich in eine fürchterliche Anonymität), war mir sofort klar, daß ich der gefährlichsten Gruppe zugeordnet war.

Zunächst ein retardierendes Moment: Sein Verhalten mir gegenüber war anfänglich durchaus das eines Gentleman. Ich wurde nicht gefesselt, die Verhandlungen fanden in den ledernen Klubsesseln der Gestapo statt, und selbst als sich späterhin Drohungen und Beschimpfungen einstellten, wurde ich doch nicht gefoltert, wie es in diesen Räumen und bei diesen Anlässen üblich war. Für diesen etwas erstaunlichen Vorgang, der sich öfter ergeben hat, früher schon und später auch vor dem Volksgerichtshof bei der Vernehmung durch Freisler, habe ich nach wiederholtem Nachdenken nur eine Erklärung gefunden: Ich habe oft genug mit „Weltkindern“ zu tun gehabt, die irgendwo in der Tiefe ihrer Seele noch eine atavistische, abergläubische Scheu vor dem geistlichen Stande hatten und wohl aus dem ihnen selbst unbewußten Streben heraus handelten nachzuweisen, daß sie so böse nicht seien.

Aber das hinderte ihn nicht, sich bald im vollen Glanze seines wohlerworbenen Rufes zu zeigen. Nach einigen einleitenden Formalitäten „zur Person“ begann das Verhör, das mich in wenigen Minuten aus dem Bewußtsein, ein friedlicher Bürger zu sein, dem im Ernst nichts nachzuweisen war, herausriß und mir deutlich machte, daß es um mein Leben ging. Denn ich begriff, daß es hier gar nicht darauf ankam, einen Sachverhalt möglichst genau und wahrheitsgemäß festzustellen, sondern daß mir ein Mann gegenübersaß, der meinen Kopf wollte. Das war für mich etwas Neues: ein Gegenüber, das in der Form eines kalten, klaren Gespräches mich zum Tode zu bringen versuchte. Fürchterliche Verwandlung: Da war kein blitzender Dolch oder roher Faustschlag, sondern das mörderische Instrument, das nun für Stunden immer wieder nach mir zuckte, war ein Befragungssystem von dämonischer Präzision.

Die Kunst des Dr. Neuhaus war in der Tat wahrhaft dämonisch, und das leise, aber merkliche Erschrecken, das sie hervorrief, war von der Art, wie wenn wir begreifen, daß der Teufel uns mit seinen Künsten schlechthin überlegen ist. Hier war eine Kunst boshafter Seelenzergliederung, eine Kopfjägerei auf das unbedachte, verfängliche Wort, die viel subtiler, aber auch viel präziser arbeitete, als je ein meisterhafter Chirurg mit dem Messer operiert hat. Es war fast ausgeschlossen, jenen unsichtbaren Schlingen auszuweichen, die mit jeder Frage ausgeworfen wurden und deren jede todbringend war. Nach drei Sätzen hatte ich begriffen, daß diese Fragen scharfgeschliffene Dolche waren, die jedesmal einen tödlichen Stich beabsichtigten. Noch heute spüre ich den Augenblick, da ich blitzartig begriff, daß in diesem dichten Geflecht von Frage und Antwort das aufregend schöne Spiel um Leben oder Tod begonnen hatte.

Aber noch erregender war, daß ich mit jeder einzelnen Antwort nicht nur mein eigenes Geschick, sondern fast immer auch ein anderes Menschenschicksal in der Hand hielt. Und hierbei mußte ich meinen Weg völlig im dunkeln suchen; denn von keinem meiner wesentlicheren Bekannten wußte ich genaueres. Ich wußte weder, ob Trott und Schulenburg, Schacht und Goerdeler, Gerstenmaier und andere noch am Leben waren, wer verhaftet war noch was die Verhafteten, ob sie nun noch am Leben waren oder nicht, ausgesagt haben mochten. Diese Ungewißheit war quälend; denn jedermann wird verstehen, daß ich nicht die geringste Freiheit empfand, sie in irgendeiner Sache preiszugeben, ich konnte und wollte nicht für andere Geständnisse ablegen und würde es nie getan haben.

Was mich selbst betraf, so habe ich eine ganz einfache Methode befolgt, die sich bewährte: Ich habe mich darauf beschränkt, nur die gestellten Fragen im engsten Sinne zu beantworten, was ich aber antwortete, entsprach völlig der Wahrheit. Mir war ganz klar, daß ich, wenn ich schon als Pfarrer und in diesem Sinne um des Evangeliums willen in die Fänge der Gestapo geraten war, nicht mit Unwahrheiten umgehen konnte. Dieser Grundsatz aber war, sobald es sich um andere handelte, nicht immer einfach durchzuführen; dadurch, daß ich in solchen Fällen mit der Antwort zögerte, habe ich immer den besonderen Zorn meines Vernehmers hervorgerufen. Es war verständlich, daß die Gestapo für solche Sorte Ritterlichkeit keinen Raum lassen konnte. So habe ich denn in den Fragen, die andere betrafen, fast mehr als in eigenen Angelegenheiten die dämonische Zielsicherheit dieser Fragekunst zu spüren bekommen. Es war eine dämonische Kunst. Aber dämonisch war sie auch insofern, als sie nicht nur von einer vernichtenden Intelligenz, sondern auch von einer ganz unvermuteten, gesegneten Torheit war. Es war eine Kunst mit einem blinden Fleck im Auge. An der Fragetechnik dieses unter seinen Genossen berühmten Interrogators wurde deutlich, daß der Hinterhältige die Wahrheit zuzeiten gar nicht sehen *kann.* Seine raffinierte, scheinbar völlig unentrinnbare Vernehmungsmethodik hatte einen ganz elementaren, schwerwiegenden Mangel: die Voreingenommenheit. Für ihn stand es fest, daß ich Mitwisser war, auf jeden Fall galt es, diese Mitwisserschaft, die ja für ein Todesurteil völlig ausgereicht hätte, aus mir herauszubekommen. Auf dieses Ziel waren seine Vernehmungen ausgerichtet; aber um dieses Zieles willen hat er auch ganz wesentliche Dinge, die im Laufe der Befragung erörtert wurden, einfach nicht in sich aufgenommen, wenn sie zu diesem Schlußziel nicht in Beziehung standen. In den fünf großen Verhören, denen ich vor der Volksgerichtshofverhandlung unterworfen wurde, kam fast jeder kritische Punkt meines bisherigen Lebenslaufes, vor allem aus den letzten Jahren, zur Sprache, viele von ihnen sind nicht einmal protokolliert worden, weil er sie, ganz auf sein blutrünstiges Ziel ausgerichtet, im Augenblick in ihrer Tragweite nicht aufnahm. Und das gehörte nun allerdings nicht zu meinen Grundsätzen, ihn besonders auf sie aufmerksam zu machen.

Im übrigen glaube ich ernstlich, daß diese einfache Methode, bei der Wahrheit zu bleiben, auch mein Schutz gewesen ist. Dabei kam mir eine schon wiederholt beobachtete Hilfe. Da ich ein gutes Gedächtnis habe, konnte ich einzelne Zeitangaben auf die Viertelstunde genau machen. Ich beobachtete, daß die Polizei, die nun einmal auf das Schlechte im Menschen geeicht ist, durch solche Genauigkeit immer günstig beeindruckt wurde, wenngleich ein gutes Gedächtnis und Wahrheitsliebe immer noch zwei verschiedene Dinge sein können. An einigen Punkten ist auch der Tyrann leicht zufriedenzustellen.

Der Gewaltige verschmähte auch eine Methode zweitrangiger Kriminalisten nicht ganz: die Überraschungsfrage, die auch er plötzlich und unversehens wie Schüsse aus dem Hinterhalt abzufeuern pflegte. (Ich entdeckte dabei, wie gern er auch Dibelius festgelegt hätte, der ihm offensichtlich unter den Verhafteten noch fehlte.) Er merkte, da er klug genug war, daß diese Überraschungsfragen auf mich nur wie Schüsse aus einer Schreckschußpistole wirkten, und wiederholte sie nicht.

Für den Ruf, den er als kriminalistischer Kopfjäger unter den Seinen genoß, war eine kleine, für ihn etwas kompromittierende Szene aufschlußreich, die sich zwischendurch zutrug. Noch während des Vormittags heulten mitten im Verhör die Sirenen zum Fliegeralarm auf. Ich hatte zu erkennen gegeben, daß es mir nichts ausmachen würde, oben zu bleiben und das Verhör fortzuführen; aber Dr. Neuhaus, der sich zuerst ruhig gab, wurde dann doch merklich nervöser und drang darauf, daß wir in den Luftschutzkeller gingen. Das war nun äußerst interessant. Als wir die geräumige unterirdische Anlage betraten, wurde Neuhaus von einigen schon anwesenden, recht blonden Sekretärinnen mit fröhlichen Zurufen begrüßt, die, um es liebenswürdig auszudrücken, auf eine beträchtliche Popularität schließen ließen; ihm war das natürlich nicht sehr angenehm, und wir zogen uns weiter in die hinteren Abteilungen zurück, wo wir fast im Dunkel waren und nun auf einer einfachen hölzernen Bank ernst und würdig Platz nahmen; er las in einer Akte, ich dachte. Da trat nach wenigen Augenblicken ein SS-Standartenführer auf uns zu, der ein wenig alkoholisch fröhlich war, mich im Halbdunkel mit einer netten, leichten Verbeugung begrüßte, die ich selbstverständlich weltmännisch erwiderte, und dann mit etwas überlauter Jovialität fragte: „Na, wen haben Sie denn heute fertiggemacht?" – und als Neuhaus begreiflicherweise einige abwehrende Bemerkungen und Gesten machte, immer noch in heiterer Verkennung der Situation schallend fortfuhr: „Wie er scheinheilig tut! Sie können das doch hier im Haus am besten!" Und dabei sah er mich, Bestätigung heischend, fröhlich, wenngleich etwas unsicheren Auges an. Es bedurfte der ganzen vollendeten „Gesprächstechnik" Neuhausens, um das Gespräch aus diesen peinlichen Gewässern in unverfängliche Regionen zu leiten. Man wird verstehen, daß ich diese Szene nicht unterschlagen darf.

Das sachliche Ergebnis des ersten Vernehmungstages war ganz eindeutig; es stand fest, daß meine Beziehungen zu den „Verschwörern" rein seelsorgerlicher Natur waren, so zahlreich sie auch waren. Es ist begreiflich, daß sich die Gestapo mit einem solchen Ergebnis nur ungern abfand und ihre Bemühungen fortsetzte, mehr aus mir herauszubekommen. Aber die Führer der nächsten Verhöre waren nicht von dem gleichen Kaliber wie Dr. Neuhaus. Infolgedessen trat der Wille, mich zur Strecke zu bringen, unverhüllt hervor, war aber auch leichter abzuwehren. So galten die beiden letzten Verhöre dem Versuch, mir Auslandsbeziehungen nachzuweisen. Natürlich besaß ich sie in reichem Maße. Gemessen an meinen zahlreichen Beziehungen zum kirchlichen Auslande waren die Kenntnisse des mich vernehmenden Beamten, der aus der Kategorie der mißvergnügten, kleinhorizontigen und darum gefährlichen Pedanten stammte, geradezu dürftig. Er schien von der verbreiteten Vorstellung zu leben, daß das Ausland schlechthin verwerflich sei, und war nicht unerheblich dekonzertiert, als ich bereitwillig ausgedehnte Auslandsbeziehungen zugab, die aber nun eben sogar amtlichen Charakter trugen und beispielsweise vom Auswärtigen Amte nachweislich seit Jahren gebilligt und unterstützt waren. Mit dieser einleitenden Erkenntnis verlor seine Vernehmung sofort die Sicherheit und den Schneid und ging sehr lahm zu Ende. Noch mehr traf das auf die letzte seiner Vernehmungen zu. Offensichtlich hatte er den Auftrag, unter allen Umständen etwas Hochverräterisches herauszubringen, und irgend jemand mochte ihn auf einige allerdings sehr unangenehme Schweizer Presseäußerungen hingewiesen haben, die im dortigen Evangelischen Pressedienst erschienen waren. Er fragte also nach meinen Beziehungen zu dieser Organisation; ich hatte keine. Als er sich so leichten Kaufes nicht geschlagen geben wollte und mit der verhüllten, aber immerhin erkennbaren Unterstellung fortfuhr, daß ich nicht die Wahrheit sagte, war ich entrüstet und sagte ihm im Tone sachkundiger Überlegenheit: „Die Herren übersehen fortgesetzt, daß die Schweiz calvinistisch ist und daß der Lutherische Weltkonvent (dessen Generalsekretär ich war) außer zwei winzigen Gemeinden in Zürich und Basel dort überhaupt keine amtlichen Beziehungen hat." Worauf er, willens, sich keine Blöße zu geben, sich zu versichern beeilte: „Das ist mir natürlich bekannt" – und damit nun völlig die Möglichkeit verlor, den angesponnenen Faden weiterzuführen. So endete dies letzte Verhör schon nach wenigen Minuten. Mir verblieb als ekler Nachgeschmack die Erkenntnis, daß Menschen meines Blutes offenkundig beschlossen hatten, mich unter jedem sich bietenden Vorwand zum Tode zu bringen. Aber mit der Empörung verband sich noch etwas anderes; ich verstand das Ganze immer weniger. Dieser Wille zu töten, der ja nicht nur mir gegenüber in diesem Hause herrschte, glich einem wild um sich schlagenden Rasenden. Wie unsicher mußte ein System sich fühlen, wenn es so planlos zuschlug! In bemerkenswertem Unterschiede zu diesen letzten Vernehmungen standen die beiden umfassenden Verhöre, die sich mit meiner Verkündigung beschäftigten und die ich für viel wesentlicher halten mußte als die gefährlichen Angriffe des Dr. Neuhaus. Sie waren auf jeden Fall besonders interessant und zugleich sehr aufschlußreich für das Bild, das die Gestapo sich von Kirche und Christenheit gemacht hatte. „Sie wissen, daß Sie der Gefährlichste sind!" – begann mein Gegenüber, als er mich mit den bekannten Formalitäten, übrigens wiederum ohne mich zu fesseln, nach der Dienststelle der Gestapo in der Französischen Straße gebracht hatte. Er war von Neuhaus sehr verschieden und im ganzen eine merkwürdige Mischung von Klugheit und Naivität, von Menschlichkeit und vorschriftsmäßiger Gestapohaltung. So ließ er mich mitten zwischendurch ganz kurz mit meiner Frau telefonieren, die ich bis dahin weder gesehen noch gesprochen hatte; er tat es zweifellos gegen alle Vorschriften auf eigene Verantwortung; und der Grund für diese Kühnheit und Menschlichkeit war ganz leicht erkennbar: Ihm hatte meine Frau wegen ihrer Ruhe und Tapferkeit ganz besonderen Eindruck gemacht. Auf der anderen Seite fehlte es dann wieder an Drohungen und herabsetzenden Bemerkungen nicht. Ebenso konnte er kluge und richtige Beobachtungen durch ganz ungehemmte Naivitäten unterbrechen: „Wann ist das Johannesevangelium verfaßt?!" – und als ich, akademischer Tradition getreu, sagte, das sei keine eindeutig zu beantwortende Frage, schnitt er mir fast das Wort zu solchen „Ausflüchten" ab: „Im Jahre 254!", welch verblüffende

Auskunft er alsbald mit einem Konglomerat nicht ganz verstandener Lesefrüchte aus seinen Privatstudien zu belegen begann. Auf der anderen Seite hatte er genau begriffen, welche prinzipielle Tiefe der Kirchenkampf hatte, und wußte sehr wohl zwischen Fragen erster und zweiter Ordnung zu unterscheiden. Mit Geringschätzung sprach er von jenen „Bekennern“, die „um des Evangeliums willen“ irgendeine unaufgebbare Position bezögen, die sie dann – vielleicht nach entsprechender Haft und einem Revers – doch sehr wohl zu räumen wüßten, wofür er als Beispiel die Frage der theologischen Prüfungen der Bekennenden Kirche anführte. Von einigen, die für Säulen angesehen waren, hielt er nicht sonderlich viel, während er über die Frömmigkeit einiger anderer Brüder der Bekennenden Kirche, wie etwa des Präses Scharf, mit offener Hochachtung sprach.
Ganz unerwartet scharfe Kritik übte er an der Tatsache, daß Eva Bildt meine Sekretärin war; für eine unwahrscheinlich lange Zeit konnte es den Anschein haben, es gäbe überhaupt keine größere Belastung für mich als die, daß ich eine Mitarbeiterin hatte, die nach dem Sprachgebrauch des Dritten Reiches halbarisch war. Es war wirklich ein äußerst mühseliger Teil der Vernehmung, obwohl ja sachlich blutwenig zu sagen war. Es hing alles mit seinem Haupteinwand gegen mich zusammen; für ihn war ich mindestens ein geistiger Mitwisser des 20. Juli, nein im Grunde noch mehr. Die „Verschwörer und Verräter“ würden mich nicht in solchem Maße seelsorgerlich und als Pfarrer in Anspruch genommen haben, wenn sie nicht Anlaß gehabt hätten zu der Überzeugung, daß ich, auch ohne politische Aktivität im einzelnen, einer der entschlossensten geistigen Gegner des Nationalsozialismus sei. Hier erwies sich, daß die Gestapo von meiner Vortragstätigkeit viel mehr verstanden hatte, als meine Freunde immer anzunehmen geneigt waren; er jedenfalls hatte sich durch geschickte Formulierungen nicht täuschen lassen. Und daß ich in meinen öffentlichen Reden die aggressive Polemik im vordergründigen Sinne vermied und in der Form im allgemeinen gemäßigt blieb, gerade das ließ mich in seinen Augen als besonders gefährlich erscheinen. Dieser Mann also war es, der an jenem Morgen mit dem herausfordernden Satze begann:
„Sie wissen, daß Sie der Gefährlichste sind!“ Worauf ich, fast erschrocken, sagte: „Das kann doch nicht sein!“ Darauf er, meine Betroffenheit völlig mißdeutend: „Wie können Sie das leugnen?!“
Ich: „Weil hundert andere viel tapferer und viel klüger gewesen sind als ich.“
Er: „Ha – tapferer?! Und klüger?! Wer mußte denn hier in der Berliner BK reden, wenn die Leute kommen sollten?! Und wer hat die großen Versammlungen in Leipzig und Hannover und Stuttgart und Heidelberg und anderswo gehalten?! Wenn es 40 oder meinetwegen 100 gewesen wären, hätten wir natürlich nichts gesagt – aber bei Ihnen ging es immer in die Tausende. Das durfte nicht sein.“

Es stellte sich heraus, daß er – wie er selbst sagte – seit zwei Jahren auf das genaueste meinen Weg und meine öffentliche Tätigkeit verfolgt hatte; mit einem Griff konnte er linker Hand aus seinem Schreibtisch die Nachschrift fast jedes wichtigeren Vortrages hervorziehen, den ich in jenen Jahren gehalten hatte. In einigen Fällen war seine Erinnerung genauer und verläßlicher als meine eigene.

Das Gespräch gewann bald grundsätzlichen Charakter. Ich beklagte mich in bitteren Worten, daß uns Christen kein öffentlicher geistiger Lebensraum in der Nation gewährt würde.

Er: „Warum greifen Sie den Nationalsozialismus fortgesetzt an?"

Ich: „Es gibt Grundlehren des Nationalsozialismus, zu denen ein Christ niemals schweigen kann – warum zwingen Sie uns im Namen der politischen Erneuerung so absolut heidnische Lehren auf wie die vom lebensunwerten Leben oder verdächtigen uns als Staatsfeinde, wenn wir einfach unsern Glauben verkündigen?"

Er: „Genau wegen solcher Reden sitzen Sie hier!"

Ich: „Sie müssen aber doch zugeben, daß ich mich bemüht habe, keinen berechtigten Anstoß zu geben."

Er: „Das ist es ja gerade! Sie waren nicht so dumm, sich mit Fragen zweiter Ordnung herumzuschlagen wie Kollekten, Prüfungen oder dergleichen; Sie sind immer aufs Ganze gegangen, aufs Zentrum", und indem er die Nachschrift meines letzten öffentlichen Vortrages: „Und Gott schweigt?!" ergriff und daraus seitenlang Satz um Satz vorlas, unterbrach er sich immer wieder: „Sehen Sie – Schuß um Schuß ins Schwarze!" Es war unerwartet aufschlußreich für mich, eine so unmittelbare, gleichsam amtliche nationalsozialistische Reaktion auf meinen Vortrag anzuhören; ich kann nicht leugnen, daß meine Ausführungen mir plötzlich in einer Schärfe erschienen, die mir bis dahin selber kaum bewußt gewesen war. Ich hatte das Evangelium verkündigen und christliche Grundüberzeugungen erklären wollen, weiter nichts; ergab sich eine gegensätzliche Frontstellung daraus, so lag es nicht an mir, das zu ändern; aber ich hatte weder billigen rhetorischen Ruhm noch den Glanz des Märtyrers gesucht. Nun erwies sich, daß diese Tätigkeit in viel höherem Maße, als mir während meines Dienstes bewußt geworden war, auch eine Eingliederung in jene große geschichtliche Frontbildung gewesen war, die mir bei meinem ersten Verhör so blitzartig bewußt geworden war. Trotz meiner Situation und meiner augenblicklichen Umgebung empfand ich das dankbar als eine Bestätigung meines bisherigen Weges, und so schloß ich denn nach einigen weiteren angriffigen Bemerkungen von seiner Seite: „Wenn ich das alles im Dritten Reich nicht sagen darf, sitze ich gerne hier", und habe jenes Haus erhobenen Gemütes verlassen. Mir schienen die Fronten klar, und durch diese beiden Vernehmungen schien mir auch der wahre Grund für meine

Haft eindeutig bestimmt zu sein. Das stimmte mich zur Dankbarkeit.

Ich muß jenem Beamten auch das ehrende Zeugnis ausstellen, daß seine Vernehmungen oft an die Höhe des Grundsätzlichen führten. Dann weckte er sogar bei aller Absonderlichkeit und Verschiedenheit jenen leisen, unverkennbaren Zug von Sympathie, den auch der Gegner in uns lebendig macht, wenn es eine klare und sachliche Gegnerschaft ist. Er spürte selber deutlich die Unentrinnbarkeit und das Unausweichliche in dem Gegensatz zwischen christlichem Glauben und Nationalsozialismus; wenn er die Formulierungen dafür gehabt hätte, würde er selber zugegeben haben, daß es zwischen der Ersatzgläubigkeit des NS-Fanatismus und dem, was der Christ im Glauben bekennt, keine Verbindung geben konnte, daß jene fanatische Gläubigkeit des Nationalsozialisten, die eine vollständige Ersatzreligion, wenngleich nihilistischer Prägung war, den christlichen Glauben ausschloß, weil sie das Erste Gebot: „Du sollst keine anderen Götter haben neben mir", nicht gelten lassen *konnte*, und darum auch alle anderen Gebote nicht.

Im übrigen war er dieser seiner Welt völlig verhaftet. Er lebte in der kindlichen Vorstellung, die Pfarrer hätten außer ihrer sonntäglichen Predigt nicht recht etwas zu tun; und als ich einmal von einer kirchenfeindlichen Maßnahme der Partei beiläufig gesagt hatte, sie sei auch außenpolitisch einfach töricht, brauste er auf: „Was?! Uns hilft nur eins – die geballte Faust!" Das war immerhin gegen Ende des Jahres 1944, und es war wiederum nur ein weiterer kleiner Zug aus diesem gespensterhaften Untergang einer politischen Welt, die sich selber nicht mehr realistisch zu sehen vermochte, eben aus dieser vorgefaßten, fanatischen Gläubigkeit heraus, die ihren Blick so verdunkelte, wie ihre Propaganda sich das von der mittelalterlichen Frömmigkeit vorzustellen pflegte. Aber die beiden langen Vernehmungen, die er mit mir hielt, heben sich doch trotz aller Ähnlichkeit mit den andern deutlich in der Erinnerung von ihnen ab; er handelte, soweit ich urteilen konnte, aus Überzeugung und hat der meinen einen unbewußten Respekt nicht versagt. Er duldete es schweigend, daß mir mitten in einem Gespräch, als ich meine durch keine irdische Instanz begrenzte Verantwortung als Prediger kräftig zum Ausdruck gebracht hatte, seine Sekretärin als stummes Zeichen der Anerkennung eine Zigarette anbot. Das alles milderte den Eindruck des Unmenschlichen und Bösen, der sonst über dieser Institution lag.

Mit besonderer Dankbarkeit erfüllte mich, daß ich alle diese Verhöre mit größter Frische und Elastizität durchstand. Das erste unter Dr. Neuhaus begann irgendwann am frühen Vormittag, eine Uhr besaß ich ja nicht mehr; als ich an diesem Tage endlich wieder nach oben in meine Zelle gebracht wurde, fiel mein Blick auf eine Uhr in der Schreibstube, es war genau Mitternacht. Dazwischen hatte nur eine kleine Pause mit einem Teller Suppe gelegen – das war alles.

Und es war nicht nur das aufregende schöne Spiel um Tod und Leben gewesen, das mich wendig erhalten hatte; ich war wirklich mühelos und ohne zu ermüden diesem Spiel mit allen seinen Wechselfällen und Zwischenfällen gefolgt. Auch die anderen Vernehmungen hatten mich nicht ermüdet. So erstaunlich es klingen mag: Ich hätte, vor allem für das erste Verhör, keine bessere Vorbereitung erfahren können als die Haft. Die Verhaftung hatte, da sie nicht unvermutet kam und mich daher auch nicht völlig aus dem Geleise geworfen hatte – diese Anfechtungen kamen erst später –, nur eine Schockwirkung ausgeübt, die dazu gedient hatte, mich geistig und seelisch alert zu machen. Durch den regelmäßigen, für meine Verhältnisse langen Schlaf hatte ich viel versäumte Nachtruhe nachgeholt und war ganz ausgeruht. Die Kargheit der Kost hatte in diesen ersten, sommerlich heißen Tagen der Haft noch keinerlei Schaden getan, sondern nur die Bedeutung eines guten Trainings oder einer asketischen Disziplinierung gehabt. Mit gymnastischen Übungen, zu denen ein morgendlicher „Dauerlauf" durch die Zelle gehörte, hatte ich versucht, das Schicksal, wie ein bleicher, ungesund aufgedunsener Häftling auszusehen, abzuwehren; und zu dem körperlichen Training war das geistige hinzugekommen. Ich hatte versucht, durch eine strenge geistige Zucht dem Absinken in das konturenlose chaotische Dasein entgegenzuarbeiten. Regelmäßige Meditationen und längere Gebetszeiten hatten in meinem fest geordneten Tageslauf mit der Durchdenkung theologischer und kirchlicher Fragen abgewechselt, von deren Ergebnis ich heute noch zehren kann. Da ich nicht einen einzigen Zettel zum Schreiben hatte, habe ich das Erarbeitete nicht nur durch Wiederholung, sondern auch durch Übersetzung ins Englische oder Französische oder sogar Lateinische mir einzuprägen versucht, was wiederum meinem Gedächtnis zugute kam. Auch Bibelsprüche und Gesangbuchverse konnte ich unter diesen Umständen nur meinem Gedächtnis entnehmen – gepriesen seien alle Lehrer, die mich Gesangbuchlieder und Gedichte, griechische Lyriker, lateinische Oden oder hebräische Psalmen haben lernen lassen! Sie haben mich mit einem Schatz beschenkt, dessen unzerstörbarer Wert mir in jenen harten, einsamen Wochen unschätzbar geworden ist. Um in diesen Wochen der strengsten Abgeschlossenheit das Zeitgefühl nicht zu verlieren, hatte ich mir an einer für den Posten unerkennbaren Stelle, unmittelbar hinter der aufgehenden Zellentür, mit einem aus dem Spind gezogenen rostigen Nagel nach eigenem System einen kleinen Kalender in die Wand geritzt; mit einem Blick konnte ich an den Siebenerkästen feststellen, wieviel Tage, Wochen und Monate meine Haft währte.

Man wird begreifen, daß ich ohne Besinnen die Einzelhaft der Gemeinschaftshaft vorzog, auch in ihrer strengen Form. Mir ist auf diese Weise ein Geschenk zuteil geworden, das ich sonst nur um den Preis, Trappistenmönch zu werden, hätte haben können. Gewiß war das dunkle Schicksal immer gegenwärtig, und es hat gelegentlich, glücklicherweise äußerst selten, an schweren und schwersten Anfechtungen nicht gefehlt; aber daß mir auf diese Weise, auf der Mittagshöhe meines Lebens, die Möglichkeit zu einer ganz geordneten, durch keine äußerlichen Eindrücke gestörten geistigen und geistlichen Disziplinierung und Übung im Glauben geschenkt wurde, bedeutet für mich noch heute ein Geschenk von unverlierbarer Kostbarkeit.

Die Verhöre waren – außer zwei oder drei Gesprächen mit Poelchau – die einzige Unterbrechung dieser strengen, ersten Wochen; bei dem unversehenen Wechsel aus der völligen, schweigenden Abgeschlossenheit in das lebhafteste „Gespräch" des Verhörs glich dann mein Geist dem Bogen, dessen frisch gestraffte Sehne den Pfeil mit doppelter Kraft schnellt. So habe ich gerade die erste, schwierigste und gefährlichste Vernehmung, ohne es selbst zu spüren, durchgehalten. Das Gegenüber wechselte; schon bei der Feststellung „zur Person" entdeckte ich, welcher unvermuteten Bekanntheit ich mich in der Meinekestraße erfreute, man wußte in jeder Sparte von meinen Predigten, Reisen und Vorträgen; dann trat der Gewaltige selbst wieder in Aktion, einem jederzeit zum Ausbruch bereiten Vulkan vergleichbar – aber ich hielt durch.

Ich weiß, daß es andere wesentlich schwerer gehabt haben als ich; zu eitlem Selbstruhm ist das alles nicht erzählt. Was mir Constantin von Dietze über seine Gegenüberstellung mit Goerdeler berichtete, hat mich erschüttert; er stand einem Manne gegenüber, aus dem die Gestapo bei lebendigem Leibe eine Ruine gemacht hatte. Mit einer abweisenden, gegen den Mitgefangenen fast vorwurfsvollen Stimme machte er seine Aussagen in einer mechanischen, seelenlosen Manier, wie wenn er lauter eingelernte Dinge sagte; das Auge, dessen einst lebhafter Glanz fast erloschen war, verriet, daß außer den üblichen Torturen auch Drogen und andere üble Dinge ihr Werk getan haben mochten. Nicht wenige von uns, darunter ich selbst, waren durch eine Aussage Goerdelers in Haft gekommen. Es gab infolgedessen manchen unter uns, der ihm offen grollte. Ich habe das nie getan und nie für recht gehalten; was wußten wir von den Qualen, denen er ausgesetzt war, und den teuflischen Methoden, die ihn zum Reden gebracht haben mochten! Nicht umsonst haben sie ihn monatelang nach seiner Verurteilung zum Tode noch zu ihrer Verfügung gehalten. Ich weiß auch, von anderen abgesehen, von den nach einer diabolischen Methodik ersonnenen Quälereien, denen Gerstenmaier ausgesetzt war, der ihnen übrigens erstaunlichen Widerstand entgegensetzte, ich weiß von Peinigungen, von denen ich noch heute nicht verstehe, wie sie ein menschliches Hirn ersinnen kann – nein, zum Selbstruhm für mich, der ich es in dieser Hinsicht leichter gehabt habe, ist das nicht erzählt.

Man lasse mich im übrigen freimütig bekennen, daß ich in der Wachheit und inneren

Sicherheit während dieser Verhöre Gaben erkannt habe, die ich der Fürbitte jener treuen Menschen verdanke, die für mich vor dem Throne Gottes eingetreten sind. Es hat Gott, in dessen Händen unser aller Schicksal lag, gefallen, mir mit Hilfen beizustehen, die nicht von dieser Welt waren.
Daß ich mit dieser Überzeugung nicht eine poetische, mystische oder irrationale Schwärmerei zum Ausdruck bringe, lasse man mich noch mit der folgenden Erwägung bezeugen. Pascal hat einmal in seiner tiefsinnigen Genialität die Problematik jedes menschlichen Seins in die eine Aussage zusammengefaßt, das Unglück des Menschen bestehe darin, daß er nicht in einem Zimmer für sich allein sein könne. Und jeder Kundige weiß, welche Bedeutung für seine Gesamtdiagnose des menschlichen Schicksals der „ennui“ hat, jene verderbenbringende Langeweile, jene tödliche Leere, die aus den Tiefen seines Selbst emporsteigt und die, ob es ihm nun bewußt wird oder nicht, unmittelbar an das Grauen vor dem Unendlichen streift, auf das uns die modernen Existentialphilosophen wieder aufmerksam gemacht haben. Der Mensch kann nicht wahrhaft allein sein, wenn er nicht mit Gott allein sein kann. In der Tat verrät sich die tragische Verlorenheit seiner irdischen Existenz darin, daß er die Einsamkeit nicht zu ertragen vermag.
Es gab unter uns auch eine edle humanistische Form der Überwindung dieser letzten Einsamkeit; Albrecht Haushofers „Moabiter Sonette“ sind der ergreifende Niederschlag dieses Ringens, das wenige Zellen von mir entfernt durchgekämpft wurde. Aber für mich und viele andere in diesem Hause war es eine wesentliche Erkenntnis, daß die Begegnung mit Gott uns diese letzte furchtbare Einsamkeit hat überwinden lassen. Irgendwann in seinem Leben, und wohl nicht nur einmal, muß der Mensch in völliger Todeseinsamkeit Gott gegenübertreten, so wie er in seiner letzten Stunde ihm allein Auge in Auge gegenübertreten wird, ehe er weiß, daß er vor ihm seine Existenz verantworten muß, und ehe er begreifen kann, was es für unsern Lebenslauf bedeutet, daß der Gottessohn durch seine Gottverlassenheit alle unsere Einsamkeit geheiligt hat.

Gefährten

„Sehen Sie sich unsere Schar an“, sagte eines Tages beim Geröllaufräumen einer der Mitgefangenen zu mir, einer der Führer der Widerstandsbewegung, der in den letzten Tagen auch noch umgebracht worden ist, und dabei wies er auf unsern kleinen Arbeitstrupp hin, der allerdings einige der bekanntesten deutschen Namen umfaßte, „eine Regierung oder Führung eines neuen Deutschland ergibt das nicht mehr.“
Um diese Zeit waren die wesentlichsten Köpfe der Widerstandsbewegung schon nicht mehr am Leben. Was übriggeblieben war, gehörte überwiegend im engeren oder weiteren Sinne zum 20. Juli. Aber es waren auch andere da, führende Gewerkschaftler

und Linkspolitiker, Graf Moltke, der Führer des Kreisauer Kreises, der aus christlichen Gründen immer eine Ermordung Hitlers abgelehnt hatte, und einige führende Katholiken. Die beiden Brüder Haushofer waren noch da, und von einem größeren Studienkreise der Bekennenden Kirche vor allem die Freiburger Professoren Gerhard Ritter und Constantin von Dietze. Ungefähr jeder verdächtige führende Politiker war für kurze oder längere Zeit Insasse unseres Hauses gewesen; fast jede alte preußische Familie war durch irgendein Glied vertreten, und schließlich gab es noch zahlreiche „Sippenhäftlinge“ unter uns, deren ganzes Verschulden darin bestand, mit irgendeinem der Verschwörer verwandt zu sein.

Natürlich war das Maß politischer Aktivität bei den einzelnen völlig verschieden gewesen. Es gab Leute unter uns, die viel mehr wußten und getan hatten, als man herausgebracht hatte, obwohl man mit Schlägen und Folterungen nicht kargte; und es gab gänzlich Harmlose, die nur dem schrecklichen Mißtrauen des Dritten Reiches zum Opfer gefallen waren.

Gerade unter ihnen waren einige, deren Schicksal die mißtrauische Grausamkeit jeder Diktatur erschütternd illustriert. Die meisten hatten sich an Erwägungen darüber beteiligt, was werden sollte, wenn einmal der längst erwartete Zusammenbruch eingetreten wäre. In den Augen der Hüter des Dritten Reiches war das natürlich ein todeswürdiges Verbrechen; denn das Dogma des Dritten Reiches verlangte den Glauben an die Ewigkeit dieser Institution. Wer also unvorsichtig genug war zuzugeben, daß er sich an solchen Erwägungen beteiligt hatte, verfiel dem Zorn Freislers und dem Strick des Henkers. So widerfuhr es dem alten Baurat z. N., mit dem Goerdeler gelegentlich solche Dinge erörtert hatte, der aber im übrigen von Goerdelers Plänen keine Kenntnis besessen hatte. Seine Hinrichtung war ein grausamer Justizmord.

Aber hier hatte ich Zeit genug, um mir über die Kraft und den geschichtlichen Auftrag der innerdeutschen Opposition Gedanken zu machen.

Ich war ihren Führern bekannter, als ich wußte. Viele von ihnen pflegten meine Gottesdienste zu besuchen; so war, wie ich erst hier im Gefängnis erfuhr, Beck mit mehreren seiner Kameraden in meiner Predigt zu Neujahr 1944 gewesen. Manchen von ihnen bin ich seelsorgerlich näher gekommen, und die Bitte eines der am ersten Verurteilten, ich möchte ihm vor der Hinrichtung das Abendmahl reichen, hat nachweislich dazu beigetragen, meine Verhaftung zu beschleunigen.

Aber dem Gedanken eines Anschlags auf Hitlers Leben stand ich selber fern. Zwar habe ich lange und oft über die jesuitische und calvinische Lehre von der Möglichkeit des Tyrannenmordes nachgedacht, und ich kann nicht leugnen, daß sie, je mehr das Dritte Reich sein Wesen erfüllte und je grauenvoller es das deutsche Volk einer sinnlosen Vernichtung zutrieb, um so stärkeren Eindruck auf mich machte; aber ich bin dennoch bei der Lehre der lutherischen Reformation geblieben, die diese Möglichkeit ausschließt. Weil es an diesem Punkte ein besonders zählebiges Mißverständnis gibt, will ich hinzufügen, daß die lutherische Reformation ausdrücklich, wie die andern Reformatoren auch, ein Widerstandsrecht gegen die Obrigkeit kennt; es ist grotesk, die gedankenlose, von jeglichem Ethos gelöste Unterwürfigkeit unter die Obrigkeit, wie auch immer sie sei und was auch immer sie gebiete, für lutherisch auszugeben. Es ist aber auch äußerst bedenklich, wenn man die lutherische Aussage, der Christ habe als Waffe gegen eine gottlose Obrigkeit *nur* das Wort, für eine weltflüchtige Einschränkung hält. So kann man nur urteilen, wenn man den Glauben an das Wort, nämlich das Wort Gottes, verloren hat. Denn was kann es für den Christen, wenn er wirklich an den lebendigen Gott glaubt, für eine mächtigere Waffe geben als eben dies Wort, das Felsen zerschlägt? John Knox war für sein eigenes Herrscherhaus furchtbarer als alle bewaffneten Rebellen, obwohl er nie das Schwert erhoben hat. Dieser Glaube an die Majestät und Macht des Wortes Gottes ist allerdings Voraussetzung, wenn die lutherische Lehre von dem Wort als einziger Waffe gegen eine rechtlose Obrigkeit richtig verstanden werden soll. Mir selber ist es außerordentlich wichtig gewesen, daß, wie die Verhöre zur Genüge ergaben, der eigentliche Anstoß, den die Gestapo an mir genommen hatte, seit langem an meiner Verkündigung entstanden war.

Aber damit fälle ich kein rasches Urteil über Männer, deren Gewissen anders geurteilt hat. Eine große geschichtliche Rechtfertigung haben sie für sich: Sie haben für ihre Überzeugung mit dem Leben bezahlt. Stauffenberg, der aktivste unter ihnen, der ein treuer Sohn seiner katholischen Kirche war, wurde durch seine flammende Vaterlandsliebe zu dem Entschluß getrieben, die politische Reinigung und Rettung Deutschlands solle aus seinem eigenen Innern kommen und dürfe nicht erst dem Zusammenbruch und den Alliierten überlassen bleiben.

Natürlich ist es schwer, daß der Aktivist, auch der edle Aktivist, den Sinn für die Hintergründigkeit der Geschichte behält. Aber er sollte nicht vergessen, daß auch eine Gottesgeißel von Gott verordnet ist. Nur der vordergründige, dem Diesseits verhaftete Sinn des Tyrannen meint, er sei sein eigener Schöpfer und habe sich selber geschichtlich berufen. Und der verweltlichte Sinn seiner Nachfolger (jeder Tyrannennachfolger hat einen verweltlichten Sinn) meint ebenso, sein Herr habe seinen Ort in der Geschichte aus eigenem Beruf. Er weiß es so wenig wie der Tyrann selbst, daß es sehr schwer ist, zu den Werkzeugen Gottes in der Geschichte zu gehören. Denn die meisten zerbricht er.

Freilich ist mir zu keiner Minute ungewiß gewesen, daß der Weg Hitlers ins Verderben führen müsse, ihn und das von ihm geführte Volk. „Die Schelme müssen sich selbst umbringen“, hat einmal in einem klugen, überlegenen Worte Hilty gesagt.

Der Plan Gottes hatte dem Tyrannen bestimmt, in völliger Blindheit seinen Weg zu Ende zu gehen, bis nichts, gar nichts mehr übrig blieb – auch nicht mehr der zweideutige Schimmer einer politischen Märtyrerkrone. Indem Gott dem Tyrannen diesen billigen Scheinruhm versagte, der das Denken vieler Deutscher schwer verwirrt haben würde, hat er unserm Volke eine qualvolle Selbstzerfleischung erspart.

Die Kritik an den Männern des 20. Juli, die merkwürdig rasch nach dem Zusammenbruch einsetzte, hat sich ja auch nicht auf diese christlichen Bedenken gestützt, sondern im allgemeinen mit der etwas plumpen Behauptung gearbeitet, hier habe eine politische Kaste, die sich in ihrer Existenz bedroht fühlte, um ihre Selbstbehauptung gekämpft.

Ich bin sicher, daß die geschichtliche Einzelforschung, falls es noch nötig sein sollte, die Unrichtigkeit dieser Darstellung enthüllen wird.

Damit ist nicht von vornherein die Kritik am 20. Juli überhaupt abgewehrt. Es wird vielmehr unerläßlich sein, sich um eine sachliche Erörterung der Frage zu bemühen, was es um das Mißlingen dieses Versuches und überhaupt um den geschichtlichen Ort und Auftrag dieser Bewegung war.

An dem Bilde der Männer, mit denen ich zusammen war, wurde mir deutlich, daß diese Kritik ziemlich umfassend und tiefgreifend sein mußte. Deutschland besaß nicht mehr die Kraft, die schwere Krise, die das Dritte Reich darstellte, von sich aus und von innen heraus zu überwinden.

Zwar daran gab es für mich nicht den leisesten Zweifel, daß diese Männer zur Blüte der Nation gehörten. Gewiß, nicht alle von ihnen waren „Helden“. Vereinzelte litten sogar zu sichtbar unter Haft und Entehrung. An ihnen rächte sich der erstarrte und völlig veräußerlichte Ehrbegriff des säkularisierten Spätpreußentums; der verweltlichte Ehrgedanke weiß nichts von jener großartigen inneren Unabhängigkeit, die der Glaube gewährt. Ich habe es in jeder Stunde der Haft mit Dankbarkeit empfunden, daß der Dienst eines Predigers des Evangeliums den Menschen von Ruhm und Tadel der Welt gleichermaßen unabhängig macht, und habe deshalb auch zu keiner Stunde im Ernst meine Ehre durch die Behandlung, die in jenem Hause üblich war, berührt gefühlt. Wer nur einen innerweltlichen Ehrenkodex kannte, mußte allerdings tief getroffen werden.

Aber das waren doch nur Einzelerscheinungen, genau wie die wenigen Furchtsamen.

Die meisten waren von einer bewundernswerten Noblesse und inneren Furchtlosigkeit.

Wenngleich an dem bitteren geschichtlichen Urteil kaum etwas zu ändern sein wird, daß der Adel durch ein unbegreifliches Versagen die geschichtliche Führung verwirkt hatte und daß er den Verlust der Glaubenssubstanz fast immer mit einem doppelt tiefen Absturz in den Nihilismus hat bezahlen müssen, so haben doch in diesen Tagen manche seiner Glieder diese geschichtliche Schuld im Blut gesühnt. In einzelnen wurden einige der edelsten Züge des Adels durch Todesnähe und Glaubenszuversicht verklärt und neu geadelt.

Ich erinnere mich zweier junger Edelleute, die in einem Verhör einander gegenübergestellt wurden und die sich bei diesem Anlaß nach Wochen der Haft zum ersten Male wieder begegneten. Sie begrüßten sich nur mit einer knappen, zuchtvollen Verbeugung, als trügen sie keine Fesseln, und sahen durch ihre Schergen hindurch wie Glas. Das war große Form.

Da war ein früherer preußischer Oberpräsident, der einen Tag voll Vernehmungen mit unmenschlichen Folterungen hinter sich hatte; in unverwüstlicher Frische betrat er abends den Luftschutzkeller und sagte, während schon die ersten Bomben herniedersausten, laut und herzhaft und ohne sich um die Wachen und das strenge Sprechverbot zu kümmern: „Kinder, was haben wir für eine sonnige Jugend!" Das war bester Stoizismus.

Da waren aber auch die Gewerkschaftsführer, die mit Goerdeler konspiriert hatten, und einige führende Katholiken, einer wie der andere von gleicher Unerschütterlichkeit und Überlegenheit. Da war Constantin von Dietze, mit dem ich in den Bombennächten trotz des Sprechverbots wahrhaft fröhlich war. Da war die prachtvolle, durch die Haft völlig ungebrochene Aktivität von Dr. Walter Bauer, dem viele von uns, vor allem die ohne nähere Angehörige, viel wirksame Hilfsbereitschaft zu danken haben; da war der frühere Oberbürgermeister von Hannover, Dr. Menge, der durch keinen räsonnierenden Wachhabenden davon abzubringen war, vor den ihm bekannten Mitgefangenen mit vollendeter hannoverscher Courtoisie den Hut zu ziehen, und dadurch den vollkommen gestaltlosen Gefängnishof und unser Haus in einen „Kavaliersflügel" verwandeln half.

Aber noch weit eindrucksvoller war der gesammelte, edle, ruhige Ernst, mit dem ein Glied einer der ältesten preußischen Familien unter uns weilte, Ewald von Kleist-Schmetzien. Er war zum Tode verurteilt und wußte, daß er sterben würde; aber keine erkennbare Spur von Unruhe störte das Bild vollendeter Abgeklärtheit, in der natürlicher und geistlicher Adel einander begegneten. Seine letzte irdische Lektüre waren meine „Kreuzwegandachten", die ich in der Passionszeit niedergeschrieben hatte und die im Hause heimlich von Hand zu Hand gingen.

Alle diese Männer waren in ihrer Haltung verehrungswürdig, ihr Todesmut verdient Bewunderung. Aber der große geschichtliche Gegenspieler Hitlers war nicht unter uns.

Gewiß, die hervorragendsten Führer der Widerstandsbewegung waren schon tot, der große, kluge Beck, York von Wartenburg und Fritz von der Schulenburg, zwei bis zuletzt ritterliche Gestalten, der edle Adam von Trott, und der aktivste unter ihnen, Stauffenberg, der einer brennenden Fackel glich. Es waren feine Köpfe, klare Gesichter, knappe, fast asketische Züge; sie trugen Gelehrtengesichter, diese Träger hoher, alter Kultur, nicht für einen Augenblick konnten sie mit den Landsknechtseelen und Strebern oder auch nur mit jenen blinden Fanatikern verwechselt werden, die, wo sie aus Protest den Platz räumten, allzu bereitwillig ihre Stelle einnahmen – aber der große, kühne Gegenspieler Hitlers war nicht unter ihnen.

War auch ihr ethischer Wille rein und ihr persönlicher Mut makellos, so gebrach es der Bewegung als ganzer doch an robuster Entschlußkraft. Viel zu tief saß der ganzen Nation jenes Denken im Blut, das erst das Dritte Reich möglich gemacht hatte; der Wille einzelner vermochte die niederstürzende Lawine nicht aufzuhalten, wie mit naturhafter Gewalt mußte sich dies Schicksal ausschäumen und erfüllen.

Es gehört zu den spukhaften Zügen dieses dämonischen Abschnitts deutscher Geschichte, daß er ohne eigentlichen geschichtlichen Gegenspieler zu Ende ging.

Monate später habe ich durch einen Zufall auf der Anklagebank in Nürnberg die Führer des Dritten Reiches gesehen und war erschüttert. Nicht in erster Linie darüber, daß da unten viele nur noch den Eindruck alt gewordener, zerfallener, bedeutungsloser Männer machten, sondern ich war betroffen, daß sie weder das eine noch das andere waren – weder glühende, bis zum Letzten kämpfende Repräsentanten einer großen (oder wenigstens einmal für groß gehaltenen) Idee, noch auch harte und entschlossene Streiter gegen erkannten Wahnsinn und Rechtsbruch. Da war weder flammender Protest noch angreifende Verteidigung, und was war es um einst gerühmte Ehre und Treue? Auch da war der große geschichtliche Gegenspieler nicht, und darum keine letzte geschichtliche Größe – nur die trümmerhaften Überreste eines spukhaften Schicksals.

Leider gab es sogar jenen unerfreulichen Typus des Mitgefangenen unter uns, wenn auch glücklicherweise nur in ganz wenigen Ausnahmen, der im KZ „Kapo“ geheißen hätte. Es ist erstaunlich und rätselhaft zugleich, wie rasch in einer solchen Situation die menschliche Natur enthüllt, welcher Tiefen sie fähig ist. Wenn so einer eben gerade eine geringfügige Aufsichtsbefugnis erhalten hat, schlägt er sich im gleichen Augenblick auf die Seite der Peiniger, ist härter und schärfer als sie, keine Erinnerung an die eigene Situation bindet ihn, nicht einmal im Tonfall kann er freundlich und menschlich sein. Es ist traurig, wie rasch ein Mensch der Unmenschlichkeit verfallen kann. Aber die Geschichte ist unbestechlich – derjenige, der am deutlichsten in meiner Erinnerung steht, wird am 23. April genau wie die andern „liquidiert“.

Je länger unsere Haft währte, desto deutlicher trat hervor, daß eine andere Kraft die meisten unter uns viel stärker bestimmte als die gemeinsame politische Opposition. Das war der christliche Glaube. Es war aufschlußreich zu sehen, wie einem nach dem andern

dieser Tatbestand deutlich wurde und, war er erst erkannt, auch immer bewußter ergriffen wurde.
Das war weder verwunderlich noch neu.
In den letzten Jahren des Dritten Reiches hatte sich ein nicht unbedeutender kirchengeschichtlicher Wandel vollzogen. Je weiter die innere Zerstörung fortschritt, um so mehr hatten viele in den christlichen Kirchen den Hort geistiger und geistlicher Unabhängigkeit sehen gelernt. In jenen Jahren habe ich regelmäßig an einer Tafelrunde teilgenommen, die unter der Leitung des früheren Kronprinzen von Sachsen, des Jesuitenpaters Georg, zusammenkam. An ihr nahmen eine ganze Reihe bekannter Namen teil, Romano Guardini und Gertrud Bäumer, der Dante-Übersetzer Falkenhausen und August Winnig, Jochen Klepper und Bogislav von Selchow, Thadden, Pechel, Dovifat und eine ganze Reihe katholischer und protestantischer Männer. Es war klar, daß der einzige Boden einer unabhängigen geistigen Existenz in jenen Jahren die Kirche war; und die Männer und Frauen suchten dort mehr als nur geistige Unabhängigkeit im Sinne des älteren Liberalismus.
Was also in unserem geistigen Leben immer gegenwärtig geblieben war, das trat nun in der Haft in seine volle Blüte. Es war die christliche Existenz, die den meisten unter uns das Dasein im Gestapo-Gefängnis möglich machte. Der Jesuitenprovinzial Pater Rösch, der mit uns in Haft war, hat in diesem Hause eine ausgebreitete, regelmäßige geistliche Versorgung der Katholiken möglich gemacht, mit Einschluß täglicher Messe und Absolution. Es ist nicht an mir zu erzählen, wie er diesen Dienst täglich und ohne Kenntnis der Gefängnisleitung ausgeführt hat; aber ich habe seinem Eifer, sooft ich ihn beobachten konnte, die Bewunderung nicht versagt. Von unsern evangelischen Insassen gelangten auf ähnlichem unterirdischem Wege manche Bitten um geistlichen Lesestoff auch an meine mitgefangenen Amtsbrüder Betke und Harder und an mich, und trotz der strengen Abgeschiedenheit in der Einzelhaft fand sich immer ein Weg, solchen Bitten nachzukommen.
Zu den geistlichen und christlichen Erscheinungen dieser Zeit gehören nun aber unter allen Umständen auch die Ernsten Bibelforscher hinzu. Wegen ihrer absoluten Wahrheitsliebe benutzte die Gestapo sie sehr gern in den verschiedenen Gefängnissen als „Kalfaktoren"; denn in ihrer Wahrheitsliebe gingen sie stets so weit, daß sie auch die Grenze der Kameradschaftlichkeit nicht gelten ließen. So war es für die Gestapo leicht, mit ihrer Hilfe die andern Gefangenen zu beaufsichtigen. Aber ihnen gebührt trotz allem jene Achtung, die wir etwa den „Schwärmern" der Reformationszeit schulden. Wie jene haben sie beispiellose Blutopfer gebracht; keine christliche Gemeinschaft kann sich mit der Zahl ihrer Blutzeugen auch nur von ferne messen. Ihre massive Eschatologie hat es ihnen möglich gemacht, in der Erwartung einer baldigen besseren Welt wahrhaft unbekümmert in

den Tod zu gehen; sie sind in Scharen gestorben, bis die Gestapo es aufgab, sie hinzurichten.

Nun dienten sie auch bei uns und trugen unleugbar ein Element der Menschlichkeit in das dunkle Haus. Nicht alle von ihnen sind dem landeskirchlichen Pfarrer freundlich begegnet, aber meist waren sie gütig und umgänglich. Noch in ihrer schwärmerischen Einseitigkeit waren sie menschlicher als viele der SS-Jünglinge, die brutal und in jeder Hinsicht formlos waren. Gustav aber, der für unseren Flur zuständig war und dessen Familiennamen ich nie erfahren habe, trug eine achtjährige, zum Teil sehr schwere Gefangenschaft mit einer fröhlichen und christlichen Gelassenheit, an der alle Brutalität einer feindlichen Welt völlig spurlos vorübergegangen war. Und wenn es auch den Anschein hat, als sei jetzt, nach wiedererlangter Freiheit, ihre eiserne Unbelehrbarkeit wieder wie einst ihr hervorstechender Wesenszug, so darf mich das nicht hindern, ihnen jenes Lob zu zollen, das ihnen gebührt. Sie können für sich in Anspruch nehmen, die einzigen Kriegsdienstverweigerer großen Stiles zu sein, die es im Dritten Reich gegeben hat, und zwar offen und um des Gewissens willen.

Aber auch in den eigenen Reihen waren Männer, deren Gedächtnis wir als christliche Zeugen in Ehren halten müssen.

Als ich mit den andern nach Tegel verbracht wurde, saß dort in einem andern Flügel schon seit einem Jahre Dietrich Bonhoeffer. Durch den großartigen Amtsbruder Poelchau, den Gefängnispfarrer, konnte ich noch Grüße mit ihm tauschen; gesehen habe ich ihn nicht mehr. Als der Zusammenbruch nahte, ist er wenige Tage vor mir nach Nürnberg und von dort nach Flossenbürg verbracht worden, wo er beim Herannahen der amerikanischen Truppen noch ermordet wurde; als wir dort ankamen, war schon das gesamte Verkehrs- und Nachrichtensystem zusammengebrochen, so daß kein Weitertransport möglich war, aber auch kein Befehl aus Berlin oder Hof, der letzten Zufluchtsstätte des Reichssicherheitshauptdienstes, mehr ankommen konnte. Das hat uns, menschlich gesprochen, vor dem gleichen Schicksal bewahrt. Was aber Bonhoeffer als Christ in der Gefangenschaft ertragen und in den Schriften und Gedichten dieser Zeit niedergelegt hat, das ist inzwischen Besitz der Weltchristenheit geworden.

Einen andern aber habe ich in Tegel noch mehrfach gesehen und gelegentlich auch heimlich gesprochen, den Jesuitenpater Delp. Weder seine Kleidung noch auch sein etwas rustikales Denkergesicht verrieten den Kleriker; er war Konvertit und einer der scharfsinnigsten und einfallsreichsten Mitarbeiter an den „Stimmen der Zeit“, jenem bedeutenden, in jeder Hinsicht hochstehenden Organ der Jesuiten. Seine Beiträge waren mir deshalb so vertraut, weil wir manchen verwandten Fragen und Aufgaben nachgingen und uns gelegentlich bis in die Formulierungen schriftstellerisch berührten. Er war – wie die meisten – ungebeugt und ungebrochen. Unvergeßlich ist der Bericht von den letzten Augenblicken vor seiner Hinrichtung: Aus dem unmittelbaren, durch keine Reflexion zerstörten Glauben an das ewige Leben sagte er dem begleitenden Gefängnispfarrer: „In wenigen Augenblicken weiß ich mehr als Sie.“ Der Glaube ist nach der klassischen Formel des Hebräerbriefes „ein Überführtwerden von unsichtbaren Realitäten“.

Die eindrucksvollste Gestalt aber war Graf Helmuth von Moltke. Als wir, die wahrscheinlichen Todeskandidaten, uns im Korridor des Gestapo-Hausgefängnisses in der Lehrter Straße zum Abtransport nach Tegel versammelt hatten, fiel von selbst ein wohl zwei Meter hoher Mann auf, der in Zuchthauskleidern ging. Als er mich beim Namensaufruf erkannte, nickte er mir mit besonders freundlichem Gesichte zu; und während ich noch mein Gedächtnis durchforschte, wo ich dies mir bekannte Gesicht schon gesehen hatte, gab mir der Namensaufruf Antwort: Es war Graf Moltke, der auch zu den gelegentlichen Besuchern meiner Gottesdienste gehört hatte. Im grünen Polizeiwagen gerieten wir nebeneinander, und da er in der dünnen Zuchthauskleidung fror, gab ich ihm meine Decke zum Wärmen.

Nach der Ankunft in Tegel wurden wir in einen verschließbaren Raum gebracht, um die weiteren Formalitäten abzuwarten. Einer jener kleinen menschlichen Zwischenfälle trat ein, wie sie nur bei ganz altem, bewährtem Beamtentum möglich sind, das die Grenze der Routine kennt; der aufsichtführende Justizwachtmeister ließ uns einige Zeit allein, um uns das verbotene Rauchen und die ebenso verbotene Unterhaltung zu ermöglichen. Für viele unter uns, auch für mich, war es die erste Möglichkeit zu näherer Information nach langen Wochen strengster Abgeschiedenheit. Moltke, Stelzer und ich saßen für eine Weile zusammen. Mir machte die ruhige Sicherheit Eindruck, mit der Moltke auf Stelzer und einige andere einsprach: „Machen Sie sich nichts vor – wenn Sie das getan haben, was Sie eben berichtet haben, werden Sie gehängt!“ Mit einer Ruhe, die alles andere als stoisch war, weil sie aus einer fast heiteren Gelöstheit stammte, redete er uns die weichlichen Illusionen über unser Schicksal aus und forderte uns auf, uns auf den Tod zu rüsten.

Er selber tat das auf eine vorbildliche Weise. Ohne die leiseste Selbsttäuschung über sein wahrscheinliches Ende lebte er in einer heiteren Klarheit der Seele, das leuchtendste Beispiel einer ungebeugten Haltung aus Glauben. Als Christ war er der klarste und selbstverständlichste unter uns. In ihm war noch die volle Substanz des Glaubens gegenwärtig; es gab bei ihm jene Skepsis nicht, die auch der Reifste und Gläubigste zuzeiten nur durch Kampf und Anstrengung überwindet. Bei ihm vollzog sich, was es wohl nur an der Grenze des Todes geben kann: Der Kampf lag hinter ihm, keine Wolke der Anfechtung trübte seine Glaubenszuversicht. Ich muß ihm bezeugen, daß ich ihn nur heiter und gelassen gesehen habe. Als am Tage vor seiner Hinrichtung der Wachtmeister noch einmal seine Zelle betrat mit der Nachricht: „Morgen noch einmal Vernehmung – fertigmachen!", sagte er nur mit völligem Gleichmaß der Seele: „O ich weiß – die Hinrichtung!" und las weiter in meiner Auslegung des letzten Buches der Bibel, die als Lektüre seine letzten Tage ausgefüllt hatte.

Wunderbar sind in ihrer Gewißheit und Klarheit seine Briefe aus der letzten Zeit. Bis zuletzt war er innerlich völlig frei, freundlich, hilfreich, umsichtig – ein richtiger freier Mensch von innerem Adel mitten unter den Larven der Grausamkeit.

Ganz friedlich ist auch Friedrich Justus Perels, der Justitiar der Bekennenden Kirche, seinen Erdenweg zu Ende gegangen. Ich habe ihn noch mehrfach auf dem Gefängnishof gesehen und heimlich gesprochen. In den Tagen der zahlreichen Vernehmungen, da er viel gequält worden ist, sah er mitgenommener aus als in der letzten Zeit, da er sich ruhig und wie ein Christ auf das Ende rüstete, wenngleich über allen zum Tode Verurteilten noch ein leiser Schimmer der Hoffnung lag, die äußeren Ereignisse möchten rascher sein als die Justiz der Gestapo. Aber er war gerüstet und im Frieden. Die Grüße, die er mir an die Brüder der christlichen Studentenbewegung in England auftrug, denen er viel verdankte, sind inzwischen ausgerichtet. Sein Gedächtnis bleibt im Segen.

Menschlich ist es bitter zu denken, daß so viele von ihnen noch in den letzten Tagen und Stunden des Dritten Reiches, als schon die Befreiung vor der Tür stand, umgekommen sind, Verurteilte und andere. Aber nicht die Bitterkeit darf im Gedenken an sie das letzte Wort behalten, sondern nur das Bewußtsein, daß sich Gottes heiliger Plan über ihrem Leben erfüllt hat, und die Dankbarkeit dafür, daß er ihnen erlaubt hat, im getrosten Glauben in den Tod zu gehen. Wir, die wir diese Brüder auf der letzten Strecke ihres Erdenweges gesehen und begleitet haben, bezeugen es in Dankbarkeit und Ehrfurcht.

„Vor den Unverständigen werden sie angesehen, als stürben sie, und ihr Abschied wird für eine Pein gerechnet und ihre Hinfahrt für ein Verderben; aber sie sind im Frieden." (Weisheit 3, 3)

Nächte

Die Nächte waren, soweit die Gestapo in Betracht kam, keine Nächte. Denn sie waren weder dunkel noch still.

Daß man noch gegen Mitternacht zur Vernehmung nach unten geholt wurde, war nichts Außergewöhnliches, und die Exekutionen pflegten früh morgens gegen drei oder vier Uhr stattzufinden. In der Zwischenzeit sorgten die Posten mit schallenden Gesprächen oder lärmender Ablösung für die entsprechende Unruhe.

Dazu brannte die ganze Nacht in unsern Zellen Licht. Wahrscheinlich befürchtete man Selbstmordversuche oder andere unerwünschte Dinge; jedenfalls gab es für uns in den Nächten keinen Mangel an elektrischem Strom. Natürlich war es außerordentlich unangenehm, trotz Lärm und Licht schlafen zu müssen. Ich habe immer neue Manipulationen erfunden, um mir Augen und Ohren „abzuschirmen", bis es dem jeweiligen Posten gefiel, es lärmend zu verbieten; dann mußte mir etwas Neues einfallen. Am häßlichsten fand ich, wenn etwa nachts gegen zwei oder drei Uhr einer von den Jünglingen die Zellentür aufriß und brüllend befahl, hinfort nur auf dem Rücken liegend, die Hände auf die Decke gelegt, zu schlafen. Aber von derartigen Annehmlichkeiten war unser Tageslauf ohnehin erfüllt, vor allem in der ersten Zeit. Gelegentlich habe ich mit lebhaftestem Gegengebrüll geantwortet. Das nützte natürlich nichts, aber es erleichterte doch. Auf eine ganz unvermutete Weise aber kehrte der Friede der Nächte wieder und damit die innere Stille und die Möglichkeit zur Besinnung und Einkehr. Es war ja Krieg, und es gab Fliegeralarm. In den kurzen Augustnächten waren sie äußerst selten; aber je weiter das Jahr fortschritt, desto mehr nahmen sie zu, und bald traten sie mit der Verläßlichkeit eines Uhrwerkes ein.

Dann veränderten auch die Nächte ihr Bild. Diese Fliegernächte sind von einer eigenen Romantik erfüllt. Und es ist erstaunlich, wie das Abenteuer tief im Herzen lebendig ist und unter dem Höllentanz dieser Angriffe wach wird. Zwar unsere äußere Lage ist peinlich, sehr peinlich sogar; die Fesseln sind, obgleich man sich an sie gewöhnt hat, immer noch ein wenig hinderlich, wenn man sich die Waschschüssel als kümmerlichen Splitterschutz auf den Kopf zu praktizieren versucht; während der tollsten Detonationen hockt man dann in der Ecke dicht unter dem Fenster, um vor den gröbsten Glas-, Bomben- und Flaksplittern geschützt zu sein. Das machen wir hier alle so. Aber man tut es nur in den kurzen Augenblicken, da die Bomben mit höllischem Pfeifen in unmittelbarer Nähe heruntersausen. Wenn der Splitterregen niedergegangen ist und das Beben der alten, festen Mauern sich beruhigt hat, steht man wieder am Fenster, verfolgt die atemberaubende Jagd der Scheinwerfer, die über der schütternden Stadt ihren Lichtdom wie ein grausames Affenspiel der Festlichkeit aufleuchten lassen und die manchmal einen dieser gefährlichen silberweißen Leiber eines feindlichen Flugzeuges erfassen. Haben erst zwei Scheinwerfer einen solchen Nachtvogel erhascht, dann saugt sich rasch das ganze Strahlenbündel aus allen Lichtkegeln an ihm fest, hält ihn, gibt keine Ruhe, folgt allen tollen Windungen, Schrauben, Steigungen, Fluchtversuchen … um den vom Licht Eingekreisten blitzen die krepierenden Flakgranaten wie der Funkenregen einer Lokomotive auf – aber wie selten schlägt ein tödlicher Funke in einen dieser Silberleiber, daß er wie eine lohende Fackel pfeilschnell in die Tiefe stürzt!

Auf dem Lehrter Bahnhof, ganz in der Nähe, scheint eine schwere Batterie zu stehen; wenn sie mit ihrem bollernden, pladdernden Gedröhn einsetzt, ist es meist schon sehr unangenehm. Oft leuchten vorher die phosphorroten Vierecke der „Christbäume", die den kommenden Bombenteppich drohend abzeichnen; und wenn ihr Licht den Gefängnishof taghell macht, bleibt in den bangen Sekunden bis zum niederbrausenden tödlichen Gewitter nur noch eines: die Seele Gott befehlen. Man kann auch mit gefesselten Händen beten. Es ist kein Zweifel, daß uns dies alles besser gelingt als unseren Schergen. Zwar äußerlich haben sie es besser als wir. Während wir hier oben im dritten Stock in unsern verriegelten Zellen bleiben, wo wir, falls uns etwas zustößt, verbrennen oder verbluten können, ohne daß es jemand vor Ende des Alarms bemerkt, ziehen sie polternd und lärmend über die eisernen Treppen in die Luftschutzkeller hinab; kein nationalsozialistisches Pflichtgefühl hält auch nur einen einzigen von ihnen oben. Aber dann ist mitten im Dunkel ihre Gewalt für einen Augenblick aufgehoben, und es ist, als hätten sie für diese Zeit ihre Macht an den Herrn über Tod und Leben abgetreten, der über sie und uns in gleicher Weise gebietet.

Es trägt einen inneren Adel ein, wenn man vom Tode bedroht ist. Der instinktive Hochmut, mit dem der Frontsoldat dem Mann der Etappe begegnete, entsprang der gleichen Wurzel: Der vom Tode Bedrohte ist dem „Gesicherten" überlegen. Denn es vermehrt die geistige Freiheit, wenn man mit dem Leben abgeschlossen hat. Wenn der göttliche Wille unser Ende beschlossen hat, dann ist es nicht mehr so wesentlich, ob der Strick oder ein Bombensplitter das Mittel sein wird, unser irdisches Sein auszulöschen. Und daß es, wenn wir am Leben bleiben, nur durch ein Wunder geschehen kann, das wissen wir sowieso jeden Tag. Derartige Erwägungen und dazu das Bewußtsein, daß in diesen Alarmnächten die Fürbitte draußen mit verstärkter Gewalt emporsteigt, tun denn auch ihre Wirkung; ich stehe diese nächtlichen Höllenszenen, die sich gegen das Ende hin immer mehr steigern, ohne jede Verzagtheit durch.

Nur einmal war es anders. Mein Herz muß schlecht gewesen sein. Der junge Gefängnisarzt, ein wahrscheinlich nicht sehr bedeutender und jedenfalls auch nicht sehr interessierter SS-Arzt, dessen Gehilfe übrigens noch nicht einmal wußte, was Asthma war, hatte mir Cardiazol gegeben, was offensichtlich ganz falsch gewesen war. Als dann in jener Nacht die Sirenen aufgeheult hatten und das Höllenspiel lärmend und dröhnend begann, habe ich buchstäblich das „Zittern und Zagen" kennengelernt; und eigentlich muß ich dankbar sein, daß ich nicht nur als Stoiker durchgehalten habe. Denn wer wirklich auf Gottes Hilfe trauen lernen will, muß auch bis an die äußerste Grenze der Hilflosigkeit geführt worden sein; er muß tief hinabgeführt sein in jenes finstre Tal, von dem der dreiundzwanzigste Psalm spricht. Wann aber erführe der

Mensch das Bewußtsein, völlig preisgegeben zu sein, je im bürgerlichen Dasein?
Noch ein anderes Geschenk bringen diese Fliegernächte. Die Verdunkelung muß sofort nach dem Auslöschen des Lichtes aufgerollt werden, damit sie nicht vom Luftdruck zerrissen wird; denn neues Material gibt es nicht, und wir können, da wir ja die ganze Nacht auf unsern Pritschen als Schwerverbrecher angeleuchtet werden müssen, nicht ohne Verdunkelung sein. Sobald die Sirenen aufheulen und das Licht abgeschaltet ist, rolle ich jedesmal mit Freuden das dunkle Papier zusammen; denn nun beschenkt uns die Nacht mit dem, was ich in den ersten Wochen niemals sah: dem gestirnten Himmel. Für eine gewisse Zeitspanne, ehe Lärm und Feuer die Stille zerreißen, liegt dann die nächtliche Welt mit ihrem unwahrscheinlichen Frieden tröstlich da; und wenngleich ich ein nur wenig ergiebiges Feld des Sternenhimmels vor meinem Gitterfenster habe, den Nord-Nordwest, so steht doch der Wagen schimmernd da, und manchmal glänzt es auch vom Orion herüber. Dann empfange ich den ruhigen Schein dieser Himmelslichter, die so viel Menschenleid gesehen haben, wie einen göttlichen Gruß.

Du Bote ewger Ordnung, goldner Wagen,
Ziehst wie vorzeiten schimmernd deine Bahn,
Um wieder, wenn die hellen Nächte nahn,
All deiner Sterne goldne Fracht zu tragen.
Du wanderst weiter, wie in Väter Tagen,
Und drehst dich still nach Gottes heilgem Plan
Und füllst die Herzen, die dich wandern sahn,
Mit Mut, auch ihren Weg mit Gott zu wagen.
Du ziehst so still die ewgen, goldnen Gleise –
Doch dein Gebilde spannt sich schimmernd weit
In aller Sterne heller Übermacht.
Du kündest Gottes Lob, unhörbar, leise,
Das Lob des Herrn, der über aller Zeit
Den Seinen auch auf Erden Bahn gemacht.

Noch eine schöne Blüte der Menschlichkeit erblüht in diesen Nächten des Grauens.
Es ist wieder Alarm. Das Haus liegt ganz dunkel. Draußen ist noch nichts erkennbar, sondern alles noch von der lähmenden Stille der Erwartung überdeckt. Die Wachtposten, die eben mit knarrenden Stiefeln über die Treppe nach unten gestiegen sind, hört man in den Kellergewölben laut reden. Oben ist alles totenstill.
Da werden mit einem Male unhörbar die beiden Riegel meiner Zellentür zurückgeschoben, und lautlos öffnet sich ein Spalt. In der Nische steht Freiherr von Guttenberg, der mit leisen Zeichen zum Schweigen mahnt. Als alles still ist, führen wir im Flüsterton eine kurze Unterhaltung. „Finden Sie nicht, Herr Pfarrer, daß wir alle in dieser Lage die Ölbergszene aus dem Neuen Testament viel besser verstehen?“ Er ist nicht der einzige in diesem Hause, der Pascals unvergleichliche Meditation über die Gethsemanegeschichte kennt und liebt, und wir reden hier nun ein wenig davon, welchen Trost dieses Stück des Neuen Testamentes gerade uns gewährt. Ich werde die Dostojewskische Szene nicht vergessen: das dunkle, zwiefach

dunkle Haus, draußen der Höllenlärm von Flak und Bomben, und drinnen diese geflüsterte Unterhaltung über den Sohn Gottes, der in jener Nacht am Ölberg allen Nächten das Grauen genommen hat und hinfort bei denen ist, die in den Nächten kämpfen, ringen und beten. Ich werde auch den Mann nicht vergessen. Er war einer von denen unter uns, die über dem eigenen Geschick nie das Gesamtschicksal aus dem Auge verloren. Wie viele Pläne sind in diesem Hause darüber geschmiedet worden, wie man den Opfern des 20. Juli künftig würde helfen können und was man überhaupt für die zu erwartende riesige Not des deutschen Volkes würde tun können! Er war sich schon damals klar darüber, daß wir alles, was unsere Haft uns etwa an Vertrauen im In- und Auslande eintragen könnte, falls wir am Leben blieben, für diese Hilfe einzusetzen haben würden. Er hatte sich die volle Fähigkeit bewahrt, an andere zu denken; und der Grund dafür war die einfache Tatsache, daß er ein Christ war. An ihm konnte man lernen, daß Güte und Mut auf eine verborgene Weise zusammengehören. Echte Güte ist das Vorrecht großer und furchtloser Seelen; die meisten Menschen sind zur Güte unfähig, weil sie zu furchtsam sind. Wer anders als ein furchtloser Mensch hätte diese stille Güte geübt, die er mit seinem nächtlichen Tun erwies? Denn damit wagte er viel. Durch irgendwelche Manipulationen, die ich nicht kenne, vermutlich durch eine handfeste Bestechung, hatte er es zuwege gebracht, daß er ungefesselt blieb und daß auch seine Zellentür während der Alarme geöffnet wurde. Sobald der Voralarm verklungen und die Schar der Schergen unten war, schlich er sich aus seiner Zelle und öffnete – wechselnd – bei so vielen, wie es in der Eile und ohne Aufsehen zu erregen möglich war, die Zellentür ein wenig. Für die meisten war das eine unschätzbare Wohltat, dem Becher kalten Wassers vergleichbar, von dem das Evangelium spricht. Denn bei einem der ersten Alarme hatten wir in unserem Flügel dreizehn Tote gehabt, und die Erinnerung an die hilflos in ihren Zellen umkommenden, gefesselten Gefährten bedrückte viele sehr. Wäre er je bei diesem Akt schlichter, mutiger Menschlichkeit ertappt worden, so wären die Folgen für ihn selbst unabsehbar gewesen. Aber er lebte aus jener Güte, die aus der geheiligten Furchtlosigkeit erwächst.
Er gehört zu denen, die in diesem Hause das Bild menschlicher Würde und Hoheit rein gehalten haben.

Weihnacht

Der Christabend rückt heran. Der Heilige Abend ist in einem Gefängnis deshalb so schrecklich, weil dann eine Woge von Sentimentalität über das dunkle Haus dahingeht. Jeder denkt an seine Lieben, mit denen er gern zusammen wäre und von denen er nicht weiß, wie sie das Fest der Liebe feiern werden. Mit einer unwiderstehlichen Gewalt überfallen die Erinnerungen der Kindheit gerade die, die zum Tode verurteilt sind und sich der rückschauenden Erinnerungen ohnehin nicht erwehren können; es ist nicht zufällig, daß die Selbstmordversuche an diesem Abend in den Gefängnissen besonders zahlreich sind. Das Merkwürdigste aber war die sentimentale Weichheit, die über unsere Wachtposten kam: Diese volksdeutschen SS-Männer, meist junge Burschen von ganz unnötig brutalen Umgangsformen, waren nicht wiederzuerkennen, so griff ihnen dieser Abend ans Gemüt.

Wir hatten um jene Zeit einen Kommandanten, der menschlich war. Er war, obwohl er aus der mittleren Laufbahn zum SS-Offizier aufgestiegen war, ein gerader Mann geblieben, der wohl barsch, aber nicht brutal war und der uns mancherlei Erleichterungen gewährte, bis er wegen zu großer Menschlichkeit abgelöst wurde. Er hat uns wesentlich mehr Eindruck gemacht als sein in mancher Hinsicht nichtswürdiger Nachfolger.

Dieser Kommandant nun hatte auch für diesen besonderen Abend im Jahr einige menschliche Freundlichkeiten möglich gemacht. Einem zum Tode Verurteilten, der schon gefesselt war, hatte er die Fesseln abnehmen und seine Geige aushändigen lassen, auf der er ein großer Künstler war und die er zauberhaft spielte; nun drangen aus seiner Zelle die festlichen Klänge rätselhaft und sehnsüchtig in die hohe Halle. Während ich bei sinkendem Abend in der Zelle auf und ab schritt, in die Betrachtung eines weihnachtlichen Transparentes versunken, das eins meiner Kinder geschnitten hatte und das nun, von einer Kerze erhellt und mit Tannengrün geschmückt, die Zelle weihnachtlich gestaltete, dachte ich an den Christabend-Gottesdienst zurück, den ich ein Jahr zuvor in unserer Johanneskirche in Lichterfelde gehalten hatte. Es war schon ein sehr denkwürdiges Christfest gewesen, ein Weihnachtsfest fast ohne Kinder, da die meisten Familien wegen des immer härter werdenden Luftkrieges ihre Kinder auch über das Fest evakuiert hatten. Nun waren fast nur solche Menschen, vor allem Männer, da gewesen, die von irgendeiner Kriegsverpflichtung in Berlin festgehalten wurden, oder es waren alleinstehende oder ältere Menschen, die den Gefahren des Luftkrieges gleichmütiger gegenüberstanden und sich für niemanden zu schonen brauchten. Jedenfalls war es eine merkwürdige Gemeinde, die sich da in der schon sehr beschädigten, kalten Kirche zur Christvesper versammelt hatte. Ich erinnerte mich daran, daß ich damals über das Prophetenwort gesprochen hatte: „Das Volk, das im Finstern wandelt, sieht ein großes Licht.“ (Jes. 9,1) Als Kinder hatten wir immer, so hatte ich gesagt, den Heimweg aus der Christkirche hinausgezögert und überall in den Fenstern die Kerzenbäume einen nach dem andern aufstrahlen sehen, bis wir zuletzt zu Hause – höchste Steigerung! – vor dem eigenen schimmernden Christbaum standen. In diesem Jahr waren die Fenster verdunkelt und die ganze Welt auch. Ich hatte davon gesprochen, daß diesmal wir Älteren, die von ihren Familien getrennten Männer, die Alleinstehenden, die Alten, Weihnachten feiern lernen müßten, nicht mehr abgelenkt durch Kinderromantik und Gemütsbewegungen – dafür war nun in diesem Jahr wirklich kein Anlaß. Und dann hatte ich versucht, mit Hilfe dieses Prophetenwortes den eigentlichen Sinn der Weihnachtsbotschaft für uns, die Erwachsenen, für die Menschen einer harten, dunklen Zeit deutlich zu machen.

Soweit war ich in meinen Gedanken gekommen und hatte gerade eben noch einmal die schmerzliche Sehnsucht nach einer Gemeinde empfunden, der ich an diesem Abend und in dieser harten und dunklen Zeit das Weihnachtsevangelium verkündigen könnte. Da hörte ich draußen hallend meine Zellennummer rufen. Wenn sonst dieser Ruf durch die hohe Halle des Gefängnisflügels schallte, pflegte er kaum etwas Gutes zu bedeuten – Verhöre, Mißhandlungen, Abtransport oder noch Schlimmeres. Obwohl ich immer auf alles gefaßt war, konnte ich mir eigentlich für diesen Abend nicht gerade etwas besonders Schreckliches vorstellen, folgte aber dem Posten, der mich aus meiner im dritten Stock gelegenen Zelle nach unten führte. Ich wurde zum Kommandanten gebracht; nach seiner Gewohnheit sagte er kein Wort, sondern ging zu einer anderen Zelle voran. „Bringen Sie Nr. 212 auch her!“ sagte er dem Posten, ehe er die Zelle betrat. Als sich die schwere Zellentür öffnete, erhob sich ein Mann, den ich wegen der auffallenden Ähnlichkeit sofort als den Grafen X erkannte. Sein Bruder, einer der ersten Verurteilten vom 20. Juli, hatte unmittelbar vor seiner Hinrichtung gebeten, ich möchte ihm das Abendmahl reichen – eine Bitte, die natürlich abgeschlagen wurde. Er war einer der treuesten Besucher gewesen und hatte noch am Sonntag vor seiner Verhaftung am Gottesdienst und Abendmahl teilgenommen.

Ganz spontan und die Situation völlig außer acht lassend, hatte ich X auf diese Erinnerung hin angesprochen, als mich der Kommandant barsch unterbrach: „Ich habe die Herren hier nicht zu persönlicher Unterhaltung zusammengebeten“, und dann fortfuhr: „Sie haben gebeten, daß der Divisionspfarrer Y, Ihr Freund, Sie heute abend seelsorgerlich besuchen möchte. Diese Bitte habe ich Ihnen leider nicht erfüllen können, aber hier ist Dr. L., der einige Worte an Sie richten wird.“ Das war die erste Mitteilung über das, was von mir erwartet wurde. Der Graf sagte, daß er eigentlich beichten und das Abendmahl hätte halten wollen. Ich sagte sofort, daß ich auch dazu bereit sei, und der Kommandant widersprach nicht. Ein kleiner, silberner Becher war da, ein wenig Wein und etwas Weißbrot, von dem ich die Hostien schnitt. Inzwischen war auch „Nr. 212“ hergeführt, es war der zum Tode verurteilte Geigenspieler. Der Posten wurde wieder hinausgeschickt, so waren wir vier Männer in der Zelle.

Der Violinist spielte auf Befehl des Kommandanten einen Weihnachtschoral, mehrstimmig und wundervoll, und ich las – in dieser Zelle und vor dieser „Gemeinde“! – das Weihnachtsevangelium: „Es begab sich aber zu der Zeit…“ Dann spielte der Geiger noch einen Weihnachtschoral, und ich hatte in der Zwischenzeit meine Gedanken soweit ordnen können, daß ich einige Worte über das Prophetenwort sprechen konnte, das mein Nachdenken ganz erfüllt hatte, als ich gerufen wurde. Ich habe meinem mitgefangenen Bruder gesagt, daß heute abend *wir* eine Gemeinde seien und daß uns dies große Wort der Verheißung Gottes genau so gelte wie denen vor einem Jahre (unter denen sein Bruder noch gewesen war) und allen, die es in diesem Jahre im Glauben vernähmen; und daß es nun darauf ankäme, daß wir im festen Glauben diese Verheißung hinnähmen, daß Gott, der in Jesus Christus der im Todesdunkel versinkenden Welt das ewige Licht habe aufgehen lassen, es auch für uns scheinen lassen werde. Jetzt hätten wir in unseren Zellen so gut wie nichts mehr von alledem, was früher das Weihnachtsfest für die Menschen vertraut und gemütvoll gemacht hätte, nun sei nur noch dies eine übriggeblieben – Gottes große Verheißung; daran wollten wir uns halten und ihn mitten in der Dunkelheit, Ungewißheit und Todverfallenheit unserer Zeit durch einen festen und unerschütterlichen Glauben an seine Zusage preisen. Und dann kniete er mitten in der Zelle auf dem harten, kalten Boden nieder, und während ich das von ihm selbst ausgewählte schöne alte Beichtgebet aus Thomas a Kempis betete und ihm die Absolution zusprach, rannen lautlos und unablässig die Tränen seine Wangen hinab. Aber es war eine ganz stille und getroste Abendmahlsfeier, und der Trost der göttlichen Verheißung lag spürbar über dieser weihnachtlichen Stunde in der Zelle des Gestapo-Gefängnisses zu Berlin. Ja, der Friede Gottes war wirklich und gegenwärtig – „wie man eine Hand fühlt“.

Da der Kommandant, der sichtlich alles ohne irgendeine Genehmigung, allein auf seine persönliche Verantwortung zugelassen hatte, kein weiteres, persönliches Gespräch erlaubte, bin ich nach einem Schlußchoral des Geigers mit einem festen Händedruck geschieden: „Gott segne Sie, Bruder X!“ Draußen ergriff der Kommandant zweimal mit eisernem Händedruck meine Hand und sagte, während es ihm feucht in die Augen stieg: „Ich danke Ihnen. Sie können es nicht ahnen, was Sie mir mit diesem Abend für mein schweres, trauriges Tagewerk gegeben haben!“

Ich wurde sofort wieder in meine Zelle geführt, aber ich habe Gott gepriesen, jawohl von Herzen gepriesen, daß auch in diesem Hause der Todesschatten und der vielfältigen Not eine Weihnachtsgemeinde gewesen war. Denn es kann viel äußerer Festglanz, schimmernder Trubel und bürgerliches Wohlbehagen da sein und doch keine Christfestgemeinde, und es kann unter Todesnot und viel Herzensangst doch eine Christusgemeinde zu Weihnachten beieinander sein. Die Kerzen und alle menschlichen Lichter können unsere Augen blenden, so daß sie das Wesentliche an Weihnachten gar nicht mehr zu sehen vermögen, aber das Volk, das im Finstern wandelt, kann es vielleicht besser erkennen als alle, die im irdischen Lichterglanz stehen:

Das ew'ge Licht geht da herein,
Gibt der Welt ein'n neuen Schein.

X kam kurz nach Weihnachten in ein Konzentrationslager. Der Geiger wurde noch in den letzten Tagen vor dem Zusammenbruch von der Gestapo umgebracht, und den Kommandanten, der bald darauf wegen zu großer Menschlichkeit abgelöst wurde, habe ich völlig aus dem Auge verloren. Aber die Erinnerung an meine Weihnachtsgemeinde 1944, über der das tröstliche, ewige Licht Gottes aufging, ist geblieben.

Gesegnete Agonie

Jene wundersamen Tage, da uns in den kargen Freistunden auf dem Gefängnishof zu Tegel ein Spätherbst ohnegleichen grüßte, waren auch die Tage der größten Todesnähe. Zwar kam mir der Tod noch einmal zwiefach drohend nahe; das war gegen das Ende meiner Haftzeit, als auf der einen Seite der Hunger sein zermalmendes Werk tat und auf der anderen Seite die Willkürjustiz der letzten Tage des Dritten Reiches, die noch so viele redliche Männer umbrachte, ihren drohenden Schatten auch über unsern Weg warf. Aber die Tage in Tegel waren am sichtbarsten in den dunkeln Bannkreis der Todesnähe gerückt.

Dafür war schon die einfache Tatsache unseres Abtransportes nach Tegel ein Beweis. Denn hierher waren wir mit besonders scharfer, ja lächerlich scharfer Bewachung gebracht worden. Ein eigenes Kontingent schwerbewaffneter Schutzpolizei versah zusätzlichen Wachtdienst an den Toren und auf unserm Hof. Überdies wurden wir nun dauernd gefesselt, Tag und Nacht. Und je genauer wir uns untereinander kennenlernten, soweit wir uns nicht schon vorher kannten, um so deutlicher begriffen wir, daß dies etwa der noch verbliebene Kreis derer war, die das stärkste Mißfallen des Reichssicherheitshauptdienstes hervorgerufen hatte. Es ist dann auch nach meiner Schätzung nicht ein Fünftel der damals dorthin Verbrachten lebend davongekommen.

Ein weiteres Zeichen für den Ernst der Lage war jene unbewußte Behutsamkeit der Gefängnisbeamten, die der gutgeartete Mensch von selbst gegenüber Schwerkranken oder sonst vom Schicksal Gezeichneten annimmt. Es waren würdige Objekte solcher Sorgsamkeit in unserer Mitte. Da war jener alte, uralte Kölner Kanonikus, der in seiner Gebrechlichkeit beim morgendlichen Spaziergang immer nur einen kleinen inneren Kreis abzuschreiten vermochte und dessen feinen, fast zarten Gelehrtenhänden die Fesseln viel zu schwer waren – ein rührendes Bild. Die Beamten behandelten ihn mit unauffälliger Sorgfalt. Da war einer der beiden Brüder von Lüning, der ein schweres Magenleiden hatte und den ich nächtens in der Zelle nebenan oft stöhnen hörte; nicht selten trat dann einer der Beamten vom Nachtdienst an seine Zellentür, um mit rauher, des Mitleids ungewohnter Stimme sein Mitgefühl zu bezeugen. Er litt offenbar unsäglich; ich habe es bewundert, daß er trotzdem immer wieder einem jüngeren Verwandten, der sehr unter dem Hunger litt, ein Stück seines kostbaren Weißbrotes beim Appell zuzustecken verstand.

Von diesem jüngeren Offizier, der mir auch zuerst vom Tode Schulenburgs und Adam Trotts sowie einiger anderer sichere Nachricht geben konnte, erfuhr ich auch Näheres über die uns zugedachte Hinrichtungsart. Denn ihn hatte man geschmackvollerweise dieser Prozedur zur Probe unterzogen. Er war in einen kleineren saalartigen Raum geführt worden, von dessen niedriger Decke die Halsschlingen, an Schrauben befestigt, herunterhingen. Man mußte, natürlich mit auf den Rücken gefesselten Händen, einen Schemel besteigen und den Kopf in die Schlinge stecken. Dann trat ein SS-Mann den Schemel zur Seite, und das Opfer baumelte – ein ebenso einfaches wie wirksames Verfahren. In seinem Falle hatte die Prozedur, da sie nur zur Probe veranstaltet wurde, mit einem „Runter, du Schwein!" geendet.

Der Gefängnisgeistliche, Dr. Poelchau, hatte, tapfer und umsichtig, wie er immer war, uns alle rasch besucht, ehe ihm ein Sprechverbot erteilt werden konnte. Als er mich nach meinem eigenen Urteil über meinen Fall befragte, hatte ich ohne jede Illusion über die drohenden Möglichkeiten geantwortet: „Wenn es nach Gerechtigkeit geht, kann ich nicht zum Tode verurteilt werden", worauf der kluge Skeptiker erwidert hatte: „Gerechtigkeit ist ein soziologischer Begriff."

Ich hielt es für richtig, mich ganz auf die letzte Möglichkeit einzurichten. Und darum sind mir die Tegeler Tage in besonderer Weise unvergeßlich; sie stehen mit einem eigentümlich verhaltenen Glanze in meiner Erinnerung. Denn hier bin ich – spürbarer und bewußter denn je sonst in meinem Leben – vor das Angesicht Gottes getreten. Und das konnte hier in Tegel besonders gut geschehen.

Die Zelle in diesem modernen Gefängnis ist zwar kleiner als die in der Lehrter Straße, man kann nur fünf Schritte in der Längsrichtung machen. Aber sie ist ganz sauber, und wenn in diesen lichten Herbsttagen die Sonne hereinfällt, liegt etwas von der kargen klaren Schönheit einer Mönchszelle über ihr. Je deutlicher mein Schicksalsweg wird, desto stiller wird es um mich und in mir. Die Welt versinkt, die Stimmen des Tages schweigen. Kein Telefon schrillt durch die Stille, keine Besprechungen, Sitzungen, Verabredungen, Verpflichtungen erfüllen den Tag mit Hast. Selbst die Gitterstäbe und die Fesseln haben keine unmittelbare Bedeutung mehr. Löffel und Napf, Tisch und Pritsche – es sind ganz wenige, einfache Dinge, die um mich geblieben sind. Es ist nichts Aufgeregtes und Zerstreuendes mehr da. Mein Geist ist ganz ausgeruht und frei für die wesentlichen Eindrücke.

Der Strom der Zeit zieht in ruhiger, mächtiger Bahn frei und gelöst auf Gott zu. Eigentlich tut er es immer; aber mir sind hier in der Stille die Organe zuteil geworden, es deutlicher zu erkennen.
Mir ist erlaubt, jenen Streifen Landes am Strande der Zeit zu betreten, auf den schon ein Schein der anderen Welt fällt. Ich habe nicht gewußt, daß ein Dasein, das noch ganz irdisch und menschlich ist, schon so offen sein kann für die Welt Gottes. Gesegnete Stille. Gesegnete Einsamkeit. Gesegnete Haft.
Und nun beginnt die große Revision.
Das ist zunächst Schritt für Schritt ein Weg in die Tiefe.
Bild um Bild steigt aus der Vergangenheit auf; längst vergessene Szenen aus völlig vergessenen Winkeln. Ich habe nicht gewußt, daß in der Todesnähe die eigene Vergangenheit mit solcher plastischen Anschaulichkeit vor unser geistiges Auge treten kann, und ich ahne von ferne, wie es sein wird, wenn am Jüngsten Tage unser Leben vor den Augen des ewigen Richters liegen wird wie ein aufgeschlagenes Buch. Ich verstehe zum ersten Male die unheimliche Wirklichkeit des Psalmwortes: „Unsre unerkannte Sünde stellst du ins Licht vor deinem Angesicht." Was steigt da alles aus dem Brunnen der Vergangenheit auf! Längst vergessene Fehler – wir Menschen sind Virtuosen der Vergeßlichkeit, wenn es sich um unsere eigenen Schwächen und Verschuldungen handelt; aber welche Kette dunkler Erinnerungen ergibt das, wenn wir zum ersten Male nicht im milden Lichte bürgerlicher Maßstäbe, sondern im Angesichte der Ewigkeit unsern bisherigen Weg überschauen! Und – lähmender und kläglicher noch – welche Versäumnisse! „...daß ich in meine Fehden trat mit raschern Streichen nicht und kühnrer Tat!" Scheinbar ganz nebensächliche Erinnerungen werden wach. Da ist ein blonder Junge, der an mir als seinem Pfarrer gehangen hat und nun zur Marine gegangen ist. Nach seinem letzten Urlaub hatte er sich darauf gefreut, eine Strecke mit mir zu reisen und hatte mir einen Platz in seinem Abteil freihalten wollen. Ich war erst im letzten Augenblick an den Zug gekommen und hatte auf Grund meiner Netzkarte noch rasch im letzten Wagen, einem II.-Klasse-Wagen, vorläufig Platz genommen; als ich während der Fahrt nach vorn gehen wollte, stellte sich heraus, daß dieser Wagen nicht mit den anderen verbunden war. Ich weiß nicht, wo er nun ist und wo sein U-Boot sein mag; vielleicht habe ich ihn um eine seiner letzten irdischen Freuden betrogen. Keine große Sache, aber wer will die Verschuldungen wägen im Angesichte der Ewigkeit?
Es ist ein Gefühl völliger Wehrlosigkeit gegenüber der eigenen Vergangenheit; nichts, keinen einzigen Handschlag kann ich mehr an ihr ändern, mit unabänderlicher Abgeschlossenheit steht sie da.
Aber es ist gerade dies Gefühl völliger Wehrlosigkeit, das mir den Weg zu Gottes Erbarmen öffnet. Denn mit der gleichen Wehrlosigkeit stehe ich ja meinen großen Sorgen

gegenüber. Was soll aus den Meinen werden, wenn jetzt mein Leben zu Ende geht? Meine Kinder sind aufs Land evakuiert und besuchen in einer Kleinstadt mit unwahrscheinlich begrenztem Horizont eine Schule, die von denkbar engsten NS-Maßstäben bestimmt ist. Es ist völlig ausgeschlossen, daß die Kinder eines Mannes, der als Verräter am Dritten Reich in Haft sitzt und vielleicht als solcher hingerichtet wird, eine geordnete Zukunft haben könnten; *diese* Kleinstadt wird ebenso unbarmherzig sein wie sie uneinsichtig ist. Meine Fesseln werden zum Symbol; ich kann keine Hand rühren, ihnen zu helfen. Für einen Mann eine völlig unerträgliche Lage.

An derselben Stelle und in der gleichen Tiefe vollzieht sich schließlich aber auch das Ringen um die Überwindung der Todesfurcht. Es ist die gleiche Wehrlosigkeit – was kann ich tun, wenn Gottes Plan das Ende meines Lebens bestimmt hat? Wo bleiben die Pläne und Wünsche und das bittere Bewußtsein um unvollendete Aufgaben, die ich schuldig geblieben bin? Es ist wie diese Zelle und diese Fesseln – eine heilige Unentrinnbarkeit. Es gibt nur einen einzigen Weg zu Gottes Erbarmen – daß ich an der Stelle suche, da er sich mir zeigen will, hier, da er sich als der erweist, der meinem Leben ein Ziel setzt. Nur durch willige Unterwerfung unter seinen heiligen Willen kann ich ihn preisen.

So füge ich meinem Tageslauf, ohne daß ich ihn im übrigen ändere, noch eine Viertelstunde täglicher meditatio mortis ein, da ich mich Zug um Zug auf die Möglichkeit meiner Hinrichtung innerlich rüste. Täglich ende ich diese Viertelstunde mit der Bitte, Gott möge meine Knie nicht zittern lassen, wenn ich jenen Schemel besteigen muß, von dem mir mein Nachbar beim Appell erzählt hat.

Von nun an schaue ich täglich auf zu dem Gottessohn, der sich im Garten Gethsemane unter den schweren, heiligen Willen Gottes gebeugt und durch seinen Todeskampf der Todesfurcht die Macht genommen hat. Von ihm lerne ich, wie man über Zittern und Zagen hin zu diesem schweren, heiligen Gotteswillen ja sagt.

Gesegnete Agonie.

Geheiligtes Feuer, das die Schuld wegbrennt!

Geheiligter Todeskampf, auf dessen dunkler Wolkenwand der Regenbogen der göttlichen Erbarmung schimmert wie sonst nie!

Mir ist bewußt, daß um mich herum mancher den gleichen Glaubenskampf kämpft, daß in diesem Hause viel gebetet wird und daß mehr als einer in der Anschauung der göttlichen Barmherzigkeit die letzte Strecke seines irdischen Weges getrost zu Ende geht. Ich weiß auch um die Gewalt der Fürbitte derer, die draußen für uns die Hände falten.

Die Abendmahlsfeier, bei der ich in der Zelle kniend selbst das Beichtgebet spreche und Poelchau mir brüderliche Absolution und Kommunion darreicht, steht unter dem Zeichen der geschenkten Gewißheit. Sie ist für mich der innere Wendepunkt meiner Haft.

Unter solchen Erkenntnissen tut sich eine neue Tiefendimension des Daseins auf.

Der kennt das Wesen des Menschen nicht vollständig, der ihn nicht im Stande der völligen Wehrlosigkeit gesehen hat. Denn dort zeigt er sich unverhüllt; was an jener äußersten Grenze noch verbleibt, das wird wahrscheinlich echt sein.

Jedenfalls wird an dieser äußersten Grenze des Menschentums deutlich, warum es nicht anders sein kann, als daß Gott bei den Erniedrigten, Beleidigten, Besessenen, Gepeinigten, Gefangenen, Entrechteten und Traurigen ist. Er ist zwar auch bei den Stolzen, Sicheren, Hochmütigen und Selbstgerechten; sie wären ja verloren ohne ihn und seine gnadenreichen Gerichte. Christus war auch bei den Pharisäern, und sein Drohwort war noch verborgene Werbung um sie.

Aber das echteste Bild Christi ist doch das des Hundertguldenblattes, da er wie ein Magnet des Lichtes alle Nacht der Not auf sich zieht.

An der gleichen Stelle entsteht auch die uns vielfach überirdisch anmutende Weisheit und Menschenkenntnis der Heiligen und großen Christen. Denn sie lassen den Menschen in seiner Wehrlosigkeit gelten. Sie schauen durch alle Panzer der Konvention hindurch und erkennen in dem reichen Geschäftsmann, in dem vom Machtrausch heimgesuchten Staatsmann, in dem glanzvollen Kirchenfürsten irgendwo in der Tiefe den Menschen, der müde ist und zuzeiten unsicher, der manchmal verzagt ist oder unter der Unerfülltheit oder Schuld seines Lebens leidet. Und indem sie diesen Menschen auf diesen niedrigsten Punkt seiner Existenz anreden, rühren sie eine verborgene und vergessene Saite seines Herzens an und behalten recht.

An derselben Stelle ist mir auch aufgegangen, warum der jüngere Bodelschwingh ein so großer Seelenführer der Christenheit war. Ich habe immer unter dem Eindruck gestanden, daß seine unwahrscheinliche Klugheit, die noch einige Schichten tiefer reichte als bloße Intelligenz, ihn zum Skeptiker bestimmt hätte, wenn er nicht der Wahrheit Christi begegnet wäre; und ich habe mich manchmal gefragt, ob nicht auch sein Christenstand nur durch eine hauchdünne Wand von der absoluten Skepsis getrennt war. Denn er lebte völlig ohne Illusion über den Menschen, gerade auch den frommen Menschen. Aber so sonderbar es klingt: Die Erkenntnis des Menschen in der absoluten Wehrlosigkeit hat ihn vor der Skepsis bewahrt. Denn im Umgang mit den Gemüts- und Geisteskranken, mit den Epileptikern, vor deren schwerer Leidensnacht jeder bürgerliche Rationalismus versagt, begegnete ihm die Tiefe der Menschheit. Und hier wurde ihm immer aufs neue erkennbar, daß alles Leben in der Welt, buchstäblich alles Leben davon lebt, daß es Gottes Erbarmen gibt. Der Mensch ist so geartet, daß Gott sich seiner nur erbarmen kann. Gott kann ihn nicht loben, er kann ihn vielleicht noch nicht einmal wirklich ändern, solange sein irdisches Dasein währt, auf das Erbmasse und Umgebung fortgesetzt ihren lähmenden Einfluß ausüben. Er kann sich nur erbarmen. Der Mensch kann wirklich nur so existieren, daß Gott ihn, den Sünder, für gerecht *erklärt,* daß er ihm, dem Todverfallenen, das Leben zuspricht.

Und weil Bodelschwingh das alles so deutlich erkannt hatte, darum hatte sein Christenstand eine Qualität, die manchem durch hohe Erkenntnis ausgezeichneten Theologen abgeht, Güte. Das besondere Charisma seiner Verkündigung war die Verbindung von Kraft und Güte.

Ich habe damals begriffen, daß Gott einem Menschen das alles nur in der Tiefe des Leidens und der Gottverlassenheit kundtun kann. Darum wird einer, den Gott in diese Schule der Erkenntnis genommen hat, ihn dafür als für das bedeutsamste geistliche Geschenk seines Lebens preisen.

Volksgericht

Der Verhandlungstag kam heran. Es war ein hübsches Spiel der Geschichte, daß mein Haftbefehl, der übrigens über ein Vierteljahr später ausgestellt wurde, auf den 9. November datiert war und daß nun der Verhandlungstermin vor dem I. Senat des Volksgerichts wegen „Landesverrat" auf den 18. Januar, den Gründungstag des Zweiten Reiches, festgesetzt war.

Es entsprach der Gepflogenheit, daß uns einige Tage und Nächte vorher wieder die Handfesseln angelegt wurden. Der SS-Jüngling, der bei mir die Prozedur vorzunehmen hatte, kannte den mir zugedachten Typus, eine moderne Form der Polizeifessel, nicht; auf Grund vielgestaltiger Erfahrung konnte ich ihm beim Anlegen der Fesseln die erforderlichen Hinweise geben. Natürlich wurden dadurch die Nächte wieder wesentlich unangenehmer; das alte vertraute Bild trat wieder ein: Luftangriffe in der einsamen, verriegelten Zelle, man drückt sich in die Ecke, versucht, sich mit den gefesselten Händen das Waschbecken als Splitterschutz über den Kopf zu stülpen und zum Schutze gegen die Kälte sich eine Decke umzudrapieren, und befiehlt im übrigen seine Seele Gott.

Eine neuere Annehmlichkeit war, daß man nicht mehr unrasiert und ungepflegt, als „Schwerverbrecher" stilisiert, vorgeführt wurde, sondern daß wir uns „fein" machen konnten. Das hieß: rasieren, ein ordentlicher Anzug, einige bekamen sogar Ringe und Uhren ausgehändigt. Es ist erstaunlich, was derartige Äußerlichkeiten auf die Haltung eines Menschen vermögen; ich habe es bei jeder Rasur empfunden. Daß mich die Posten anbrüllten, hat mir – mit zwei Ausnahmen – überhaupt keinen Eindruck gemacht; daß ich unrasiert zu den Vernehmungen geführt wurde, war mir lästig. Es gibt eben sehr verschiedene Lebensstandards und infolgedessen auch verschiedene Formen großer und kleiner Quälerei.

Ein kleiner Vorgang, der sich beim Abtransport zur Verhandlung zutrug, ist mir noch in Erinnerung. Als die uns übernehmenden Gestapo-Beamten uns vor dem Einsteigen in den grünen Polizeiwagen aufs neue mit ihren eigenen Fesseln anschlossen, fehlte ein Paar Handfesseln. Es geschah, was mir wegen meines schlechthin unbedeutenden Äußeren oft widerfährt – ich wurde übersehen und der Befehl zum Abtransport erteilt, obwohl ich noch ungefesselt war. Da erhob einer meiner Mitgefangenen Protest: Einer ist noch nicht gefesselt! Und so wurde denn das Erforderliche, wenn auch unter einigem nicht unbeträchtlichen Zeitverlust, bis ein Paar vorschriftsmäßige Fesseln beschafft war, nachgeholt, und wir konnten im allgemeinen Seelenfrieden unsere Reise antreten. Ich berichte das nicht, um jenen hier ungenannten Mitgefangenen schlecht zu machen, mit dem ich mich tatsächlich später sehr befreundet habe, sondern um zu zeigen, wie rasch die Haftpsychose einen Menschen herunterbringen kann; sie kann auch ganz rechtschaffene Leute kleinlich und gereizt machen. Und das ist eine der schlimmsten Begleiterscheinungen jeder Haft.

Die Fahrt im grünen, vergitterten Polizeiwagen war geisterhaft. Ich hatte mir unbemerkt den Platz gegenüber der Tür gesichert und konnte auf diese Weise, wenn auch sehr fragmentarisch, die Aussicht genießen. Noch rollte der Apparat des Dritten Reiches im scheinbar unerschütterlichen, furchterregenden Gleichmaß; aber draußen erhaschte das Auge immer größere und grauenvollere Partien jenes Trümmerfeldes, das Berlin hieß. Auch das Haus des Volksgerichtshofes war schwer betroffen. Vernagelte Fenster, beschädigte und mühselig wieder geflickte Innenwände hatten dem höchsten deutschen Gericht Wesentliches von seiner Würde genommen. Um so mehr hatte man sich bemüht, dem Verhandlungsraum den Charakter amtlicher Feierlichkeit zu geben. Aber es war ein kläglicher Versuch. Keine Tribüne für das höchste deutsche Gericht, keine besonderen Zeugenstände (es waren auch keine Zeugen da), keine besondere Anklagebank (die übrigens auch nicht nötig war, weil praktisch der ganze übrige Raum Anklagebank war!), die „Sachverständigen", d. h. die Vertreter sämtlicher Nazi-Behörden, und die „Geladenen", d. h. die befohlenen Zuhörer, Ritterkreuzträger der Wehrmachtsteile, hatten schlicht um uns an den Wänden herum Platz genommen, die wir, von einem wahren Heer von grünen Polizeibeamten behütet, in der Mitte des Saales saßen. Ganz hinten an der Wand waren, schweigend und unauffällig, die Vertreter der Gestapo, die wohl der eigentliche stumme Herr auch dieses Saales war. Aber weder das Bild des Staatsoberhauptes, das als einziges Schmuckstück in einer etwas mittelmäßigen Bildwiedergabe drohend von der Wand blickte, noch die scharlachroten Roben der „Volksrichter" und noch weniger das grelle Licht aus zwei Jupiterlampen, das auf uns gerichtet wurde, sobald wir an den Verhandlungstisch traten, vermochten dem Ganzen einen wirklich feierlichen Glanz zu geben; der Saal wirkte wie das Bundeslokal eines vorstädtischen Kriegervereins. Es war wieder dieser geisterhafte Zug – das Symbol

einer schon langsam zerfallenden politischen Existenzform.
Zunächst wurden wir in einem Vorzimmer zum Warten „abgestellt". Wieder hatte ich Gelegenheit, mich über jene Brutalität zu wundern, die in der Form der Gedankenlosigkeit auftritt. Die uns hier bewachenden Beamten waren von der Justizverwaltung, einige von ihnen offensichtlich alter Schule; den meisten unter ihnen würde ich wohl, wenn auch nach einigem Nachdenken, das Prädikat „rechtschaffen" nicht verweigern. Aber obwohl neben dem gesamten Bewachungsapparat noch auf jeden Gefangenen 2 (in Worten zwei!) Schutzpolizeibeamte kamen, wurden uns die Fesseln nicht abgenommen; das geschah erst im letzten Augenblick vor dem Betreten des Verhandlungssaales, als es galt, den Anschein der freien Vorführung zu wahren; und da irgendeine Sitzgelegenheit nicht vorhanden war, ließ man uns einfach nach uraltem militärischen Vorbild in Reih und Glied stehen, was einigen aufgeregten Seelen unter den Mitgefangenen, besonders auch einigen Alten und Kränklichen, nur unnötige Erschöpfung verursachte. Statt dessen wurden wohl dreimal unsere Namen aufgerufen; der verlesende Beamte machte, wie es so bei vielen fremden Namen zu gehen pflegt, viel dabei falsch, und da außerdem die dazugehörigen Personen immer wieder verwechselt wurden, war das Ganze ziemlich sinnlos. Es reichte gerade zu einer Demonstration einiger Wesenszüge, die einen bestimmten Beamtentypus immer wieder unerfreulich zieren: sinnloser Formalismus, Gedankenlosigkeit und Mangel an humaner Initiative. Nicht zuletzt Furcht vor dem Nächsthöheren.
Das war in diesem Falle eindeutig die Gestapo. Mir ist es heute so uninteressant wie damals, ob die Gestapo die Urteile schon fertig hatte (daß ihr Einfluß praktisch auf das gleiche hinauskam, ist wohl heute außer Zweifel); mir war nur bemerkenswert, daß auch die Justiz- und Schutzpolizeibeamten sich ununterbrochen scheu nach den wenigen erkennbaren Vertretern dieser ehrenwerten Firma richteten. Es war wieder diese geisterhafte Umkehrung aller Dinge: Wir, deren Schicksal ja im Grunde schon entschieden war, wenn wir dies Haus betraten, waren im Wesen unabhängiger und freier als jene, und die Sklaven saßen anderswo.
Schließlich ist es soweit.
Wir sitzen, von je zwei Schupos sorgfältig bewacht, die – arme Menschen! – *ununterbrochen* unseren Rockärmel festhalten müssen, im Saal, die „Sachverständigen" und „Geladenen" haben Platz genommen. Die gegenüberliegende Tür tut sich auf, der ganze Saal erhebt sich, das höchste deutsche Gericht betritt den Verhandlungsraum. Alles, was nicht angeklagt ist, erhebt die Rechte zum „Deutschen Gruß", wir dürfen es nicht!
Es ist sofort klar, daß die bestimmende Gestalt der gefürchtete Freisler ist.
Als er, „die Toga lässig umgehangen", Platz genommen hat und nun die Verhandlung eröffnet, setzt mich ein unerwarteter Zug

in Erstaunen – das völlig unjuristische Pathos. Er spricht nicht mit der zackigen, schneidenden Schärfe des Obernazis, sondern in dem hohlen pastoralen Tonfall eines deutsch-christlichen Superintendenten. Aber ich überwinde diesen unvermuteten Eindruck bald und fasse nun diese Erscheinung schärfer ins Auge. Ich habe den gleichen Eindruck wie bei einigen andern führenden Männern des Dritten Reiches: ein ursprünglich gutes, beinahe edles Gesicht, mit scharfgeschnittenen, klaren, geistigen Zügen; aber dies Bild ist gleichsam von innen her zerfallen, die Zeichen eines grauenhaften inneren Verkommens scheinen unverkennbar durch.

So ist nun auch der Mensch und Richter Freisler.

Mir ist bekannt, daß ihn die Juristen für sehr befähigt halten und daß auch die Andersdenkenden von seinem juristischen Können mit einer merkwürdigen Achtung sprechen. Auf den ersten Blick ist seine formale Begabung unverkennbar, er erscheint als vorzüglicher Kenner der Akten, der sich zur Stützung seines Gedächtnisses nur eines kleinen Zettels bedient. Aber diese Kenntnis ist nicht echt und offenbar weder durch das Interesse an der Sache noch gar am Menschen diktiert, am nächsten Tage wird er in der mündlichen Begründung meines Urteils nur lauter Sachen sagen, die mit meinem Falle überhaupt nichts zu tun haben. Er verschmäht auch die sehr billigen Effekte nicht; ein älterer Mitangeklagter hat sich in jungen Jahren als Zimmermann einen Schaden am Bein zugezogen, der ihm noch jetzt zu schaffen macht; als er in der Schilderung seines Lebenslaufes an diese Stelle kommt, läßt ihn Freisler in dramatisierter Menschlichkeit sich setzen; aber man spürt deutlich, daß diese Demonstration vorweg bedacht ist. Im übrigen ist er von einer unleidlichen tyrannischen Erregbarkeit, der kleinste Widerspruch reizt ihn zu wahrhaft sultanischen Zornesausbrüchen, und mit seinem ganzen richterlichen Dasein befindet er sich am entgegengesetzten Ende von jener Klarheit und objektiven Überlegenheit, die den Richter zieren. Seine Mitwelt nimmt ihn einfach hin, man fragt vor Beginn der Verhandlungen, wie er geschlafen und gefrühstückt haben mag, und wenn er zürnend ausbricht, schweigt alles im Chor. Der Oberreichsanwalt erscheint gegenüber dieser rächenden Justiz wie der Repräsentant mildernder Menschlichkeit.

Theodor Haubach, der edle Sozialist, hat diese jähzornige Unberechenbarkeit schwer zu spüren bekommen. Im Vertrauen auf die Rechtsordnung hat er das dem Angeklagten zustehende Schlußwort zu ernsthaften Ausführungen über die Hintergründe seiner Tat und Haltung benutzt und damit so sehr den Zorn Freislers hervorgerufen, daß er sofort die Verhandlungen neu aufnahm und sie statt mit der schon beantragten Freiheitsstrafe mit dem Todesurteil endete. Nur einmal ist dieser Mentalität wirksamer Widerstand begegnet. Der unvergleichliche Moltke hat, in klarer Erkenntnis des schon beschlossenen Todesurteils, den moralischen Mut zum Angriff auf Freisler und die gesamte Institution besessen; er, der schon verurteilte Angeklagte, hat seinerseits die Hüter der Sicherheit des Dritten Reiches angegriffen, die, wenn der Anschlag auf Hitlers Leben gelungen wäre, heute an seiner Seite stehen würden; und als er, des geschichtlichen Sieges seiner Sache gewiß, mit den Worten des Lutherliedes schloß: „Das Reich muß uns doch bleiben" (was im Munde Helmuth von Moltkes nicht nationalistisch gemeint war), da lag für einen Augenblick die Überlegenheit einer ganz anderen Wirklichkeit spürbar über diesem traurigen Raum.

Nein, Freisler war weder wahrhaft groß noch wahrhaft bedeutend; es müßte denn eine Naivität sein zu meinen, einem Juristen müsse die Gerechtigkeit ungefähr ebenso wichtig sein wie einem Theologen die Frömmigkeit und der Glaube. Aber vielleicht verwandelt sich das eine wie das andere, sobald es zur „Profession" wird. Pharisäer und Heuchler gibt es offensichtlich nicht nur auf dem Boden des Glaubens, sondern auch im Nationalen und Juristischen.

Es ist doch wohl keine Übertreibung, wenn ich diesen ganzen Prozeß als eine groß angelegte Parodie auf die Gerechtigkeit empfinde. Es ist alles streng geheime Reichssache; meine Frau, die mit gewohnter Tapferkeit und Findigkeit den Verhandlungstermin herausgebracht hat, muß sich von allen beteiligten Stellen (von allen!) bis zuletzt belügen lassen, damit nichts herauskomme, und von einer Teilnahme am Prozeß ist schon gar nicht die Rede. Dafür sind Vertreter aller NS-Organisationen auf der „Sachverständigenbank" anwesend – was tun alle diese pseudogermanischen Jünglinge in diesem Saale, die vor Beginn der Verhandlungen unsere Personalien aufnehmen und Fragen an uns richten, als gehörten sie dazu? Da sitzen die Pflichtverteidiger – sonst unbescholtene Männer, gegen die ich, obwohl sie hier nicht viel mehr als unwürdige juristische Statisten sind, keinen Groll hege. Nur bin ich entschlossen, meinem Pflichtverteidiger, einem Schwager Himmlers, im späteren Leben das Honorar für diese Verteidigung, das übrigens nicht sehr hoch sein soll, wieder abzunehmen und einer milden Stiftung zu überweisen, damit dies ungut erworbene Geld nicht sein Gewissen belasten muß. Denn irgendeine wirkungsvolle Tätigkeit hat er nicht entfaltet, und seine milde Prognose, die er mir wenige Minuten vor der Urteilsverkündung zuflüstert, erweist sich als völlig falsch. Aber diese Verteidiger, die ja, wenn sie ihren Beruf und ihre Mannesexistenz ernst nehmen, mehr entwürdigt werden als wir, sind sonst im bescheidenen Rahmen des Möglichen nicht unfreundlich oder unmenschlich; und einer von ihnen, ein Landsmann von mir, versetzt durch eine wohlgezielte Frage, die er zur Rettung des plötzlich sehr gefährdeten Palombini einwirft, Freisler in eine flammende, gefährliche Wut.

Unstreitig die übelsten Erscheinungen im ganzen Saal sind die Laienbeisitzer, offensichtlich bewährte Pgs., wohlgenährt und zufrieden, die, von den hier verhandelten Menschenschicksalen unberührt, während der Verhandlungen futtern und sich bescheidene Witze zuflüstern. Es ist nicht angenehm zu denken, daß vielleicht schon in wenigen Wochen diese boshafte Harmlosigkeit ihre irdische Sühne gefunden haben wird. Überhaupt – welches Bild von der geschichtlichen Wirklichkeit haben diese Menschen da? Vor einer Woche hatte jener schwere Einbruch der Russen in unsere östlichen Kampflinien begonnen, der die ganze Ostfront aufriß und das endgültige Schlußkapitel des deutschen Widerstandes einleitete; bis in unsere Zellen war flüsternd die Kunde davon gedrungen. Was sollte es bedeuten, wenn Freisler zwischendurch noch einmal pathetisch aufdonnerte: „Wenn Hitler fällt, fallen wir alle!?“ Hier in diesem Saale wurden zugleich mit den Todesurteilen noch Konfiskationen von Gütern verfügt, die längst in russische Hand gefallen waren. Da es keinen Ausweg aus dem geisterhaften Spuk gab, wurde das schattenhafte Spiel bis zum Schluß gespielt – wie ein ins Wasser gefallenes Grammophon weitertönt, bis die gurgelnden Wellen es stumm machen, oder wie bei einem in Brand geratenen Karussell die Orgel weiterspielt, bis die Flammen auch sie erreicht haben.

Jetzt ist alles vorbei. Aber ehe wir den Saal verlassen und die Fesseln für den Rücktransport wieder angelegt bekommen, müssen wir das gesamte Aktenmaterial wieder abliefern, da es sich um eine „Streng geheime Reichssache“ handelt! Mit diesem Augenblick habe ich längst gerechnet. Nachdem ich schon vor einiger Zeit den Haftbefehl aus dem Gefängnis geschmuggelt hatte, lasse ich nun blitzschnell die Ladung zum Termin unter meiner Weste verschwinden, ehe ich den großen Umschlag mit den übrigen Akten zurückgebe. Dieser üppige Bewachungsapparat ist immerhin so mit dem allgemeinen Aufbruch beschäftigt, daß es keiner im großen Saal bemerkt hat. Aber die Idee, uns hier nach allen Regeln der Kunst zu verurteilen und uns zugleich für den Ausbruch eines etwaigen Vierten Reiches gänzlich ohne Dokumente über das Erlittene zu lassen, geht mir denn doch zu weit. Später ist diese Ladung neben jenem Haftbefehl das einzige Dokument meiner Haft gewesen.

Aber ich muß noch berichten, daß ich an diesem Tage den kritischsten und gefährlichsten Augenblick meiner ganzen Haft erlebt habe; das war der Augenblick der Urteilsverkündung. Ich habe während dieser ganzen Zeit keine Versuchung gehabt, die an Wucht diesem Augenblick gleichgekommen wäre, da die Empörung wie eine dunkle, heiße Welle durch mein Blut schoß.

Das mag verwunderlich erscheinen.

Denn die wesentliche Frage bei allen Freisler-Prozessen bestand in der elementaren Alternative: Todesurteil oder nicht. Wurde jemand nicht zum Tode verurteilt, so war bei einer Freiheitsstrafe das Strafmaß völlig gleichgültig. Wer freigesprochen wurde, kam in der Regel sofort ins KZ, die andern entsprechend später; daß wir im übrigen alle

im Dritten Reiche das Licht der Freiheit nicht wiedersehen sollten, wurde uns mehr als einmal mit zynischer Offenheit deutlich gemacht.
Das alles war mir natürlich wohl bekannt, und ich hatte mich längst innerlich darauf eingerichtet. Auch das mir zudiktierte Strafmaß entsprach – trotz der beschwichtigenden, aber völlig falschen Prognose meines Verteidigers – meinen Erwartungen. Das alles hätte mich nicht zu erregen brauchen. Aber während der Prozeß ablief, enthüllte sich die völlige Willkür dieser Rechtsprechung auf eine immer unverhülltere Weise, in der Urteilsverkündung erreichte sie ihren Gipfel. Obwohl sich für ein Todesurteil, wie es in meinem Falle eindeutig beabsichtigt war, nicht genügend Unterlagen hatten beschaffen lassen, waren wir alle wegen Landesverrats, des näheren wegen Feindbegünstigung angeklagt. Daß trotz dieser immerhin belastenden Anklage zwei von uns mit einem Jahre Gefängnis und noch einigen zusätzlichen Beweisen von Freislers Wohlwollen davonkamen, mochte deshalb hingehen, weil es sich um belanglose Mitläufer handelte; immerhin war der juristische Sachverhalt bei allen neun Angeklagten im wesentlichen der gleiche, trotzdem wurden zwei höhere Reichsbeamte zu sechs Jahren Zuchthaus und doppeltem Ehrverlust und andere zu vier Jahren Gefängnis verurteilt. Ich selbst hätte, wenn man mich nicht für einen Mitverschwörer oder Mitwisser hielt, nach geltendem Recht überhaupt nur zu wenigen Monaten Gefängnis verurteilt werden können. Daß hier Männer im Namen des deutschen Volkes und mit der Autorität des Reiches solche völlig willkürlichen Urteilssprüche auszusprechen wagten, hat mich im tiefsten empört. Denn nächst der Liebe zur Freiheit ist uns Niedersachsen die Liebe zur Gerechtigkeit am tiefsten ins Blut gesenkt. Darum empfand ich diesen Urteilsspruch, obwohl ich genau wußte, daß ich ihn nicht mehr absitzen würde, als einen fundamentalen Angriff auf das ethische Zentrum meiner Persönlichkeit. Es war der einzige Augenblick meiner gesamten Haftzeit, da mein Blut kochte; aus der Tiefe fühlte ich die dunkle Woge des Hasses emporsteigen.
Auf der Rückfahrt blieb mir nichts anderes, als mich im wörtlichen Gehorsam unter ein Wort der Bibel zu beugen: „Die Rache ist mein, ich will vergelten, spricht der Herr." Ich habe es mit der Naivität eines Kindes getan.
Ich hatte Anlaß, mich darin zu üben.
Zu „Hause" angelangt, erfuhr ich, daß meine Frau für diesen Tag eine Sprecherlaubnis bewirkt hatte. Es war klar, daß sie, allen offiziellen Lügen zum Trotz, den Termin der Verhandlung herausgebracht hatte. Ich durfte ihr weder von der stattgehabten Verhandlung noch von dem Urteil etwas sagen. Dabei war dies der einzige, wirklich der einzige Tag, da ihre gewohnte klare Beherrschtheit nicht erkennbar war; sie war schwer erkältet, wahrscheinlich richtig krank, und hatte sich nur für den mühseligen, wegen der schlimmen Verkehrsverhältnisse immer besonders beschwerlichen Weg ins Gefäng-

nis aus dem Bett erhoben. Nun sprach sie langsam, fast mit Mühe, und es war offenkundig, daß sie an der Ungerechtigkeit ebenso bitter trug wie ich selbst. Ich konnte ihr nur jenes Bibelwort sagen, das mich selbst in Zucht hielt.

Nachdem ich meine Zelle wieder betreten hatte, suchte ich in meiner Bibel diese Stelle. Als ich sie fand, war mir, als ob für einen Augenblick die Hand Gottes selbst meinen Herzschlag festhielte. Denn der volle Text lautete: „Die Rache ist mein, ich will vergelten. Zu seiner Zeit soll ihr Fuß gleiten; denn die Zeit ihres Unglücks ist nahe, und was über sie kommen soll, eilt herzu.“ (5. Mose 32, 35)

Ganz dicht stand vor der Wand meines Herzens die majestätische Welt Gottes, und ich begriff, daß Haß und Vergeltung seine heiligen Gerichte nicht beflecken dürfen. Ich beugte mich in Demut vor einer Hand, die mächtiger und heiliger ist als die Unruhe unserer Herzen.

Drei Wochen später kam Freisler bei einem Luftangriff um.

Drei Monate später war das Dritte Reich zu Ende. „Was über sie kommen soll, eilt herzu.“

Der Schlußakt

In den bitterkalten Januar 1945, den wir in völlig ungeheizten Zellen verbrachten, drangen die Nachrichten von den Fronten immer alarmierender hinein. Natürlich gelangten sie auch zu uns; denn welche Kerkermauern könnten die Kunde von einer geschichtlichen Stunde aufhalten, deren Zeit gekommen ist.

Die meisten unter uns begriffen auch, daß nun der bei weitem gefährlichste Augenblick unserer ganzen Haftzeit nahte. Der Unterschied zwischen den zum Tode Verurteilten und uns anderen wurde mit jedem Tag unwesentlicher. Für die vom Todesurteil Bedrohten bedeutete zwar jeder Tag, da die Alliierten näher rückten, Gewinn, aber um so näher rückte damit für uns alle auch die letzte Grenze unserer Haft, über die wir eigentlich nur durch ein besonderes Wunder Gottes hinübergelangen konnten. Was würde die Gestapo tun, wenn die alliierten Truppen vor den Toren Berlins oder gar unseres Gefängnisses stehen würden? Gerüchte wollten wissen, daß sie an einigen Stellen beim Herannahen der Alliierten Menschlichkeit geübt und die politischen Häftlinge entlassen hätte. Oder würden sie uns einfach verlassen und einem nicht ganz eindeutigen Schicksal preisgeben? Wahrscheinlicher als beides war, daß sie sich im letzten Augenblick unser gewaltsam entledigen würden; war es nicht von ihrem Standpunkt aus das einzig Vernünftige, solche unliebsamen Zeugen rechtzeitig zu beseitigen? Die späteren Ereignisse haben bewiesen, wie nahe uns allen diese letzte und wahrscheinlichste Möglichkeit war; die Opfer der letzten Maschinengewehrgarbe, die man in der Morgenfrühe des 23. April aus ihren Zellen geholt hatte, angeblich um sie zu entlassen,

fand man nach der Befreiung, nur flüchtig mit Sand bedeckt, Albrecht Haushofer hielt das Manuskript seiner „Moabiter Sonette" in den erstarrten Händen.
Vorerst wuchs die Aufgeregtheit und Verwirrung auf seiten unserer Schergen mit jedem Tage. Der neue Kommandant, eine etwas merkwürdige Erscheinung, lief immer häufiger mit der Maschinenpistole umher; die Wachmannschaften wurden abgelöst, um an irgendeiner Stelle der längst aufgelösten Front eingesetzt zu werden, und durch ältere Männer vom Zollgrenzschutz ersetzt; die zurückgebliebenen Unterführer der SS hielten es für richtig, täglich schneidiger und brutaler mit uns umzugehen. Ein rotbäckiger Berliner unter ihnen fragte mich hämisch im heimatlichen Tonfall: „Sie wollen doch Pfarrer sein – wie kann Gott denn nun mit einem Mal die Bolschewisten über uns siegen lassen?!" Worauf ich nur erwiderte: „Zwölf Jahre habt ihr euch nicht um Gott gekümmert und alles allein gekonnt – nun soll er gut genug sein, die Verantwortung zu tragen?" Und als er darauf plötzlich ernsthaft, fast bekümmert aussah, fügte ich hinzu: „Ich fürchte, einige werden jetzt lernen müssen, was in der Bibel steht: Irret euch nicht, Gott läßt sich nicht spotten." Er ging schweigend aus der Zelle.
Aber dann griff die unsichtbare Hand Gottes ein und teilte die Lose zu. Abtransporte begannen. Noch eine völlig unnötige geistige Grausamkeit: Meine Frau, die eine letzte schriftliche Sprecherlaubnis hatte, die der Kommandant über eine Woche lang unter wechselnden Ausreden hinausgezögert hatte, wird auf den Palmsonntag früh bestellt, um gerade noch Zeuge zu werden, wie einige von uns unter tosenden Schimpfreden eines wahrhaft widerlichen Polizeimeisters in den grünen Polizeiwagen zum Abtransport verladen werden. Das war das letzte, was sie von mir vor dem Zusammenbruch des Dritten Reiches gesehen hat; einige schöne Erquickungen, die sie mir hatte bringen wollen, gab ich ihr zurück, weil sie mir nur abgenommen worden wären. Diesen Polizeimeister stellte ich, sobald ich konnte; es gelang, als wir zu Fuß durch ein kleines Trümmerfeld eskortiert werden mußten, ich erreichte, daß er mich führte. Ich sagte: „Warum brüllen Sie uns eigentlich so an? Hier sind nur Leute, die Ihnen, auch wenn Sie vernünftig mit ihnen reden, keine Schwierigkeit machen würden. Und denken Sie denn gar nicht an das, was kommen kann?" Er fuhr mit einem fürchterlich drohenden Wortschwall auf; aber ich sagte nur: „Regen Sie sich nicht auf, ich bin schon verhaftet – ich bin sogar schon vom Volksgericht verurteilt! Warum gehen Sie völlig überflüssigerweise so grausam mit Gefangenen um?" Ich fügte hinzu, daß diese sehr häßliche Szene beim Aufbruch möglicherweise das letzte sein könnte, was meine Frau von mir gesehen hätte. „Meinen Sie, daß Gott einfach zusehen wird, wenn Sie so grausam sind?" Ich habe ihn nicht wiedergesehen und weiß nicht, wo er heute sein mag.
Nach längerem Zwischenaufenthalt in Tegel und der üblichen Durchschleusung durch

den „Alex“, zwei unliebsamen Erweiterungen meiner Kenntnis von Polizei, Gestapo und Strafvollzug, ergeht neue Weisung: Wir sollen nach Nürnberg. Mich bedrückt diese Kunde sehr. Denn obwohl es immer noch Blinde und Taube unter uns gibt, die den Absturz in die Katastrophe nicht wahrhaben wollen, bin ich mir durchaus darüber klar, daß es, immer vorausgesetzt, daß wir am Leben bleiben sollten, völlig unklar sein wird, wie wir von dort wieder nach Berlin zurückkommen sollen. Eine dunkle Stimme sagt mir, daß ich mein Haus und vielleicht auch meine Bücher und anderen Güter nicht wiedersehen werde: Innerlich habe ich mich längst von ihnen getrennt. Aber wie soll es, wenn erst alles zusammengebrochen sein wird, je möglich sein, meine Familie wieder ausfindig zu machen? Wenn wir in Berlin blieben, könnte man vielleicht gerade in den letzten kritischen Stunden helfend bei ihnen sein; es ist bitter zu denken, daß sie dies dunkle Kapitel nun auf jeden Fall allein zu Ende bringen müssen. Nicht einmal die letzte genaue Benachrichtigung gelingt. Wir schreiten nach beiden Seiten ins Dunkel, auf daß unser Glaube bis zuletzt geübt werde. Mit dem Abtransport nach Nürnberg beginnt nun der letzte Abschnitt dieser ganzen gespenstigen Zeit; fast von Stunde zu Stunde wird es geisterhafter.

Auf dem Anhalter Bahnhof steht ein Zug. Einer von diesen unvorstellbar überfüllten Zügen, in denen Menschen aus Berlin fliehen, solange es noch Züge gibt. Für uns ist ein Abteil reserviert; wir sind, um kein Aufsehen zu erregen, ungefesselt und in Zivil. Die Menschen, die in dem überfüllten Gang stehen und natürlich nicht wissen, wer wir sind, empören sich über unsere Sitzplätze, und wir müssen, groteske Verwechslung, noch etwas von der allgemeinen Unbeliebtheit der Gestapo auf uns nehmen, deren Firmenschild an der Abteiltür prangt. Sehen wir wirklich wie Glieder dieser ehrenwerten Firma aus? Offenbar doch – denn als ich als erster das Abteil betrete, erhebt sich ein höherer SS-Offizier, der wegen der Überfüllung in diesem reservierten Abteil Zuflucht gesucht hat, und stellt sich mir vor. Ich wende mich, auch in diesem Augenblick noch für den ungewollten Humor der Situation empfänglich, mit seigneuraler Handgebärde dem einen der beiden begleitenden Polizeimeister zu: „Bitte erklären Sie!“ – worauf er erklärt und der andere sich verlegen stammelnd setzt.

In Leipzig ist genau um Mitternacht Fliegeralarm. Es ist schon alles so vollständig desorganisiert, daß man diesen Zug mit schätzungsweise tausend Menschen einfach in der fast zerstörten Bahnhofshalle stehenläßt. Da in der Dunkelheit nur wenige sich wegzugehen getrauen, da die meisten weder ihr Gepäck noch ihren mühselig errungenen Platz im Zuge preisgeben wollen, bleiben sie einfach, hilflos, wehrlos, so wie dies ganze Volk in diesen Wochen sein Schicksal als unabänderlich hinzunehmen sich gewöhnt hat; es gibt keine Brücke mehr zwischen der amtlichen Heldenhaftigkeit der Propaganda und diesen bitteren Realitäten. Man ergibt sich in sein Schicksal, weinend, fluchend – jedenfalls wehrlos. Unsere Polizisten müssen ja bei uns ausharren; ich erleichtere allen Beteiligten die Lage durch meinen Vorschlag, wenigstens nach draußen zu gehen, um einer etwaigen Panik auszuweichen. So erleben wir den Angriff „stehend freihändig" mit; glücklicherweise geht alles gut vorüber.

Die Flieger bleiben geschäftig, auch als es längst wieder Tag ist. Irgendwo liegen wir geschlagene sieben Stunden – dies unwahrscheinlich geduldige deutsche Volk! Größe und Grenzen in einem! Noch wissen wir nicht, daß der letzte, längste Aufenthalt schon mit unserem Bestimmungsort zusammenhängt; über Nürnberg ist der letzte Großangriff dahingegangen, der seine unvergleichliche Schönheit in den Staub gelegt hat. Noch ist der Schienenweg nicht wieder frei. Wir liegen einfach still und warten, warten – wie es das ganze deutsche Volk in diesen Tagen weltgeschichtlicher Benommenheit tut.

Unsere Reisezeit wächst allmählich auf 70 Stunden. Unser offizieller Reiseproviant besteht aus zwei großen Brotschnitten mit Aufstrich. Anderes haben wir nicht. Unsere wackeren Polizeimeister, die sich als erfolgreiche Kleintierzüchter erweisen, ziehen prächtige Vorräte mit Kaninchenleberwurst, gekochten Eiern und anderen schätzenswerten Dingen hervor; ein jüngerer Beamter, der in dem Bestreben, sich „abzusetzen", von irgendeiner Front zu uns gestoßen ist, hat aus aufgelösten Wehrmachtsbeständen einige Dosen mitgebracht. Er macht eine davon auf, und man spürt einen herrlichen Duft von solider, guter Wurst; er tut sich gütlich, und die andern wissen ihn zu kameradschaftlichem Opfer zu veranlassen, in solchen Fällen gibt es keinen Pardon und keine falsche Scham. Alle halten sich an die Vorschrift, daß man Gefangenen und nun erst Gestapo-Gefangenen nichts abgeben darf – wer will sie tadeln, wenn sie sich an ihre Bestimmungen halten? Außerdem sind wir in der Übung; wie man einen Ranken Brot so einteilt, daß er unwahrscheinlich lange reicht, wissen wir längst. Man kann mit zwei Doppelschnitten Brot auch siebzig Stunden auskommen; wirklich, man kann es. Im Ernst – ich spüre den Hunger nicht einmal; denn es braucht nun wirklich nicht viel Gemerk, um zu spüren, daß wir Zeugen eines geschichtlichen Zusammenbruchs werden.

Endlich, endlich – es ist schon wieder tiefe Nacht – werden wir in Fürth ausgeladen. Weiter geht es nicht. Der letzte Angriff muß furchtbar gewesen sein. Man hört Zahlen von Todesopfern. Irgendwo brennt es noch. Jedenfalls geht es nicht weiter, wir müssen in einem merkwürdigen Saal unterkommen, der, von Bombenflüchtlingen, Soldaten, Verwundeten und den ersten Ostflüchtlingen überfüllt, das beginnende Nomadenschicksal so vieler vorschattet. Zusammenbruch und Umwandlung sind schon im vollen Zuge. Auch die Scheidelinie zwischen Gestapohäftlingen und anderen „Volksgenossen" verliert immer mehr ihren Sinn, es ist fast,

als gingen wir nur noch pro forma wieder ins Nürnberger Gefängnis. Aber die letzte Grenze ist noch da, dunkel und drohend.
Wir warten auf den Morgen. Die Beamten haben es sehr eilig, in dieser Wirrnis noch wieder nach Berlin zu kommen; sobald der Tag graut und Fluchtversuche nicht mehr so wahrscheinlich sind, werden sie uns im Nürnberger Gefängnis abliefern. Was weiter wird, wissen sie so wenig wie wir. Der Schlußakt begann.
Aus dem zerstörten Bahnhofsgebäude machten wir uns in der Morgenfrühe auf, ein merkwürdiger Gefangenentransport. Verkehrsmittel gab es nicht, wir mußten marschieren. Unsere wenigen Habseligkeiten waren trotz ihrer Dürftigkeit auf die Dauer schwer zu tragen, wir mußten oft ausruhen. Als wir die Hauptstraße, die Fürth mit Nürnberg verbindet, in der Frühe dieses geheimnisvollen 6. April entlangzogen, kamen uns die Scharen des Volkssturm-Aufgebotes entgegen, Zug um Zug. Noch sehe ich in der Erinnerung ihre Gesichter in dieser kalkigen Morgenfrühe – betretene Gesichter betroffener, benommener Menschen, die nicht mehr wissen, wohin sie ein Geschick verschlägt, das sie längst nicht mehr verstehen, die aber auch – trotz allem – nicht mehr glauben. Das Geisterhafte steigert sich ins Groteske: Wir sind Geächtete, und jene sind im Vollbesitz ihrer bürgerlichen Ehren – aber wer ist nun kümmerlicher dran? Die Grenzlinien und Vorurteile lösen sich auf wie der Einband eines schlecht gebundenen Buches. Und wann wird die überhängende Wand einstürzen, und wen wird sie erschlagen – sie oder uns?
Wir schritten in den kühlen, sehr nüchternen und doch irgendwie unwirklichen Morgen hinein und bogen schließlich in jene Seitenstraße, die zum Zellengefängnis führt. Das breit hingelagerte Tor erschien fast idyllisch im Vergleich zu der trostlosen Düsternis der Berliner Gefängnistore. Das Gebäude war bayerisch, nicht häßlicher preußischer Ziegelbau, sondern von jenem südlichen Sandstein, der immer einen warmen, mattroten Ton hat. Die Zucht schien auf den ersten Blick sauber und ordentlich – was für gute Monturen hatten die Gefangenen im Vergleich zu unsern Tegeler Lumpen! In diesem Gefängnis war auch die Zelle, in der einst Julius Streicher, der „Frankenführer", gesessen hatte; als wir es betraten, konnten wir nicht ahnen, daß wenige Monate später Göring und andere Große des Dritten Reiches hier ihren letzten irdischen Aufenthalt nehmen sollten. Für die Zwischenzeit vermehrten wir nun auf unsere bescheidene Weise die historische Bedeutung dieses Ortes. Neue Weisungen über uns sind nicht aus Berlin eingegangen und nun auch wohl nicht mehr zu erwarten; wir werden daher vorerst in den normalen Strafvollzug eigereiht.
Der Aufenthalt im Nürnberger Gefängnis hat mich mit einer unvermuteten und nicht erfreulichen Erkenntnis beschenkt: wie grausam auch die „geordnete" Justiz in der Strafvollstreckung sein kann, wenn sie zur gedankenlosen, schematischen Routine

wird. Hier wirkten altgediente Justizwachtmeister, sämtlich Bayern, aber die meisten von ihnen pedantisch und uneinsichtig wie nur ein „Preuße“. Je weniger der Strafvollzug zu individualisieren vermag, desto grausamer wird er. Aber auch um so nutzloser.
Da im „Hausgefängnis“ der Gestapo ohnehin keine Regel galt, blieb auch die tägliche Willkür ohne sonderlichen Eindruck auf mich; sie war einfach die Atmosphäre, in der wir lebten, und ich war nicht naiv genug, etwas anderes dort zu erwarten. Hier aber erbitterte es mich täglich, daß unter dem Vorgeben strenger, unpersönlicher Gerechtigkeit lauter zusätzliche Grausamkeit geschah. Die resignierten Gedanken über die völlige Nutzlosigkeit des Strafvollzuges, die ich mir wiederholt gemacht hatte, kehrten wieder, und wie ein trübes Traumbild stieg, als ich erst wieder in der Einsamkeit meiner Einzelzelle saß, jene Szene aus der Lehrter Straße vor meinem geistigen Auge auf, die mich zuerst zu diesen Erwägungen veranlaßt hatte. Da steht ein Christenmensch, an das vergitterte Fenster seiner Zelle gelehnt, und sieht, wiewohl es verboten ist, auf den noch morgentrüben Gefängnishof, wo andere „Leidensgefährten“ spazieren geführt werden, in konzentrischen, sich gegeneinander bewegenden Kreisen wie ein Uhrwerk immer um den Hof herum, immer herum. Was sich da unten in der grauen, nebligen Atmosphäre eines äußerst unfreundlichen Wintertages abspielt, das ist noch durch eine Welt von ihm getrennt, es ist richtige Kriminalität. Der Christenmensch wundert sich, daß unter solchen Lebensbedingungen wie den seinen dieser Unterschied doch noch ins Bewußtsein tritt, denn zu den Verdächtigen und Geächteten gehört er ja nun auch. Wenn er dies Schauspiel da unten lange genug auf sich hat wirken lassen, diese mechanisch herumwandernden Menschen, die Stumpfheit ihres Gesichtsausdrucks, das Gebrüll ihres Aufsehers, der eine Stimme hat wie eine Nervensäge, dann kommt er zu dem kategorischen Schluß, daß dieser Strafvollzug nur die Fortsetzung der Verbrecherlaufbahn mit anderen Mitteln ist.
Es sind vielerlei Erwägungen, die ihn zu dieser trüben Schlußfolgerung verleiten.
Es ist alles gut und schön, was man von Gerechtigkeit und Sühne sagt, aber wenn solche Begriffe wirken sollen, setzen sie eine Gemeinschaftsordnung voraus, die selber noch gesund und durch solche Richtpunkte bestimmt ist. Aber wo gibt es das – jetzt – 1944? Wie soll ein französischer Zwangsarbeiter, der eine Flasche Wein „organisiert“ hat (wirklich nur eine), verstehen, daß er dafür zu einem Jahr Gefängnis verurteilt wird, während um ihn herum im kleinen und noch mehr im großen „organisiert“ wird? Der Christenmensch weiß es auch nicht.
Wo die staatliche Rechtsordnung zur bloßen Konvention oder zum Machtinstrument einer kleinen herrschenden Kaste geworden ist, hat sie überhaupt keine Kraft mehr. Nicht einmal im äußerlichen Sinne. Keine „drakonische“ Maßnahme kann die Schick-

salsstunde des Dritten Reiches aufhalten. Warum nicht? Schon der kluge, kühle Heide Voltaire hat es gewußt: „Es gibt ein Ding in der Welt, das mächtiger ist als alle Heere der Machthaber: eine Idee, deren Zeit gekommen ist." Da das Dritte Reich nicht wahrhaft sozialistisch, sondern im Grunde seines Wesens kleinbürgerlich war, hat es diesen Sachverhalt nie begriffen; es hielt seine „drakonischen" Maßnahmen für wirkungsvoll, weil es die Wirkungen an den furchtsamen, willfährigen und unterwürfigen Bürgern ablas. Aber die geschichtliche Stunde des Bürgers war im Dritten Reich schon vorbei, oder seine Sendung war zum mindesten auf das tiefste bedroht, weil er in der Verdiesseitigung und damit in der Selbstsucht versunken und darum keines Opfers mehr fähig war. Und noch weniger vermochte der Strafvollzug des Dritten Reiches im tieferen Sinne zu wirken, weil er nicht neugestalten konnte. Diktaturen können ihrem Wesen nach, als die höchste Vollendung des Machtstaates, niemals werbend, missionierend, überzeugend wirken. Sie können nur faszinieren oder zermalmen. Genau das pflegten sie mit zynischer Offenheit selbst zu sagen.

An dieser Stelle geht dem betrachtenden Christenmenschen, der da am Gitterfenster steht, die schwächste und bedenklichste Stelle jeglichen Strafvollzuges auf. Er steht unter dem Eindruck, wenn er jene Menschen auf dem Gefängnishof und ihre Wärter sieht, daß es eine Besserung oder totale Umerziehung nur bei solchen Objekten der Justiz geben könnte, die schon selber Giganten eines moralischen Wissens sind; denn allein der Widerstand gegen diese organisierte Dressur zur Subalternität, unter der jeder persönliche Wille einfach niedergewalzt wird, würde eine ethische Kraft der Selbstbehauptung voraussetzen, die es nicht eben häufig gibt. Und ihn erbittert förmlich die Erkenntnis, daß es auf dem Boden dieses Strafvollzuges keine wahrhafte Besserung geben kann, weil es gar keine Wiedererweckung zu neuer ethischer Verantwortung gibt, weil es überhaupt nicht auf einen neuen persönlichen Willen ankommt; der Wille wird zerbrochen, genormt, eingeebnet, die Biegsamen, Fügsamen, Glatten behalten das Feld, die Gutartigen, Schüchternen, Besserungsfähigen werden in den Hintergrund gedrängt, und beherrschend sind alle Künste, die einen richtigen Kriminellen ausmachen, Verstellung, entschlossene Bosheit, zielbewußter Egoismus. Der Strafvollzug ist in dem Maße ohnmächtig, als er nicht durch den Gehorsam gegen Gottes heilige Gerechtigkeit und durch den Glauben an Gottes erneuernde Gnade bestimmt ist. Wo die Gerechtigkeit allein in die Hände der Menschen gerät und kein Schimmer von der neuschaffenden Gewalt der Vergebung mehr darauf fällt, versinkt sie unaufhaltsam im Hoffnungslosen. Die Hüter der Gerechtigkeit in einem Volke mögen es wohl bedenken, daß eine verweltlichte Justiz eine furchtbare Angelegenheit ist; wer will sie, wenn erst ihre metaphysische Bindung gelöst ist, vor dem Verkom-

men im Flugsand wechselnder menschlicher Ziele bewahren?
Diese trüben Erwägungen drängen sich hier wieder mit Macht hervor – gänzlich ungenügende sanitäre und hygienische Verhältnisse, solange wir nicht eingeteilt waren und unsere endgültigen Zellen bezogen hatten; der stumme Kampf mit gedankenlosen Aufsehern und äußerst boshaften Unternehmungen der Kriminellen gegen die Politischen, dazu eine Justizmaschinerie, die für irgendeine Form der ethischen Selbstbehauptung keinen, auch nicht den geringsten Raum ließ. Wir halfen uns mit bescheidenem, grimmigem Humor und einer bestimmten Form der passiven Resistenz: mit einer umständlichen Kasernenhof-Zackigkeit bei den geringsten Verrichtungen, die alle antipreußischen Instinkte in unseren bajuwarischen Hütern zum Weißglühen brachte, mit einer hemmungslosen Gründlichkeit beim Zellenreinigen, so daß unsere Behausung noch in den ersten reinigenden Wasserfluten schwamm, wenn die andern schon zum Heraustreten fertig waren, und was dergleichen bescheidene Unternehmungen mehr waren – man sieht, daß in dieser kleinmaschigen Umgebung auch unsere geistige Selbstbehauptung nur nach kleinem Format geriet.
Die zweite unliebsame Entdeckung war die von der Gewalt des Hungers. Zwar kannte ich schon aus der Lehrter Straße jenes erniedrigende Hungergefühl, da man den Schatten vom gegenüberliegenden Gefängnisflügel langsam, unbeschreiblich langsam über den glühenden Gefängnishof wandern sah, bis er an die Stelle kam, die gleich einer Sonnenuhr die nächste „Mahlzeit" ankündigte, und dazwischen lag der heroische, nicht immer siegreiche Kampf mit der Versuchung, den nächsten winzigen Brotwürfel vor der Zeit zu essen. Aber dies hier war anders. Hier kam der Hunger mit elementarer Gewalt, wie ein starker Gewappneter, der dich zu Boden wirft. Bis dahin kannte ich es noch nicht, daß einem vor Hunger schwarz vor den Augen werden kann und daß man sich nur mit größter Mühe und taumelnden Schrittes von seinem kümmerlichen Lager erhebt. Das kennenzulernen hatte ich noch ganz unvermutete Gelegenheit, und von da aus gesehen, hätten die amerikanischen Truppen nicht viel später ankommen dürfen.
Diesem Schlußereignis aber eilte nun die Entwicklung wie ein Sturzbach zu.
Es hatte sich kaum gelohnt, daß ich mich in der gepriesenen Einsamkeit meiner Zelle einzurichten versuchte. Ich mußte Blechhalter für Hindenburglichter zurechtbiegen. Mit Hilfe eines ingeniösen Rationalisierungsverfahrens – zu was alles hat man nicht in der Zelle Zeit! – hatte ich es dahin gebracht, daß ich mein Tagespensum in wenigen Stunden absolvierte und im übrigen Zeit zum Nachdenken und später auch zum Lesen hatte. Aber aus beidem wurde immer weniger, je näher die Front rückte. Die Tagesangriffe der Flieger, vor allem der Tiefflieger, nahmen zu; schließlich war mit Ausnahme weniger Morgenstunden Dauer-

alarm. Bald vernahm das Ohr auch die knapperen, schärferen und in mancher Hinsicht gefährlicheren Einschläge der Artillerie – die letzte Szene des letzten Aktes hatte begonnen.
Es wurde immer geisterhafter.
Ein Gefängnisbeamter sprach, als der Tod Roosevelts bekannt wurde, über ihn als den „größten Kriegsverbrecher aller Zeiten" und versuchte zu schildern, was uns blühen würde, falls unser Widerstand erlahmen würde – drei Tage vor der Eroberung Nürnbergs! –, draußen standen, deutlich erkennbar, die letzten deutschen Vorposten und eine zäh kämpfende leichte Batterie, ein Granatenvolltreffer zerschlug die Schreinerei, eine Holzbaracke unmittelbar unter meinem Zellenfenster, noch wurden abends im Gefängnishof Erschießungen vorgenommen – ich wußte damals noch nicht, daß Dietrich Bonhoeffer wenige Tage vor uns von hier nach Flossenbürg und in den Tod gebracht worden war und daß uns vielleicht nur der Zusammenbruch des gesamten Nachrichtenwesens vor dem gleichen Schicksal bewahrt hatte.
In der letzten Nacht, während ich mein Bett wegen des besseren Schutzes gegen Granatsplitter unter das Gitterfenster gezogen hatte, drang aus dem Keller, wo die Gefängnisleitung mit ihren Getreuesten noch ein Abschiedsgelage veranstaltete, der Duft von Gebratenem und der Lärm weinseliger Männer herauf, während oben in ihren Zellen Hunderte von Männern zwischen Hunger und Todesangst fiebernd auf ihre herannahende Befreiung hofften. Ich selber habe geschlafen und sehe ein, daß ich eines Tages eine theologische Abhandlung werde schreiben müssen über den Schlaf als eine Form, Gott zu loben.
Ich bin gänzlich ruhig, als am andern Vormittage, während das Ohr noch kaum eine Veränderung im Artilleriebeschuß wahrzunehmen vermag, plötzlich nach kurzem Lärm auf dem Flur die Zellentür aufgerissen wird und einer der Leidensgenossen mit Freudentränen hereinstürzt: „Die Amerikaner sind da!"
Es sind wirkliche Freudentränen, die in seinen Augen stehen, und es ist eine ehrliche Entrüstung, mit der er feststellt: Du freust dich ja gar nicht!
Es ist wahr: Ich freue mich nicht. Jedenfalls nicht in diesem vordergründigen, fast ein wenig einfältigen Sinn, in dem es meine johlenden, aufgeregt gestikulierenden Gefährten tun. Mir ist sofort klar, daß für die meisten jetzt ein sehr mühseliger Weg ins Leben zurück beginnen wird – langwierige Formalitäten, bis wir wirklich als freie Menschen uns draußen bewegen können, die Suche nach den Familien, die Frage, wo künftig meine Heimat sein wird.
Da ist die jäh aufsteigende Bitterkeit, daß es Fremde sein müssen, die uns das kostbare Gut der Freiheit wiedergeben, das die eigenen Volksgenossen uns geraubt haben; und da ist auch – ganz anderer Klang – irgendwo ein ganz leises Verwundern (oder muß ich es gar Bedauern nennen?), daß nun plötzlich und unwiderruflich die Zeit der Prü-

fung vorbei ist – hat sie geleistet, was sie an Reinigung, Läuterung, neuer Kraft schenken sollte?

Da ist endlich soviel haltlose Menschlichkeit, daß man mit einem Schlage weiß: Auch schwere geschichtliche Katastrophen tragen noch nicht in sich selbst die Kraft zur Erneuerung, es liegt eine Welt zwischen einem Zusammenbruch, der schicksalhaft abrollt, und dem läuternden Feuer gottgewirkter Erneuerung. Diese Menschlichkeit schäumt auf, ungewiß, verwirrt, kleinlich, häßlich, sehnsüchtig, für einen Augenblick beherrschen die Kreaturen die Stunde. Sie sind alle „politisch", sie haben alle eine dunkle Erwartung von einer Freiheit, es muß anders werden, sie haben gelitten, ihnen ist Unrecht geschehen, jetzt muß der Tag der Freiheit kommen, und der Weg in das Leben tut sich wieder auf.

Bei den politischen Kleinbürgern mag das noch hingehen. Sie haben in der Tat unter dem Dritten Reich gelitten, harmlose Schwarzhörer, die ein hämischer Nachbar denunziert hat, wackere Handwerker und kleine Kaufleute, die im Rausch geringschätzige Bemerkungen über die Großen des Reiches gemacht haben; aber da sind auch die zweifelhaften Gestalten, die nur darum wegen Unterschlagung oder Urkundenfälschung oder anderer Dinge verurteilt sind, weil angeblich der Ortsgruppenleiter oder sonst jemand sie „erledigen" wollte – wirkt da nicht die unverhohlene Unverschämtheit fast sympathisch, mit der ein ganz Naiver erklärt, er habe nur deswegen eine große Kiste mit Champagner geklaut, weil er schon immer gegen Adolf Hitler war? Man muß Obacht geben, daß man da nicht einfach widerspruchslos eingereiht wird; ist es unverständlicher Hochmut, wenn die eigentlichen „Politischen", Kommunisten, die auf ihre Weise tapfer gekämpft, die Rote Hilfe illegal unterstützt, Flugblätter verbreitet haben, oder Glieder der Gewerkschaften und Männer des 20. Juli, Wert darauf legen, mit jenen Gefährten nicht verwechselt zu werden?

Noch sind es äußerst dichte Nebelschwaden, die den Weg in die Freiheit verhüllen. Die Dichter haben den Augenblick ergreifend geschildert, da die Gefangenen das Licht der Freiheit wiedersehen, Dostojewski ist fürs Leben von dem Augenblick erschüttert worden, als ihm unerwartet in letzter Minute Freiheit und Leben wiedergeschenkt wurden – aber hier liegt doch alles noch hinter einem zähen, undurchsichtigen Schleier des Ungewissen. Es ist unheimlich, welche niederdrückende Gewalt das Dritte Reich noch in seinem Sterben hat. Da wehen über Nürnberg, der Stadt der Reichsparteitage, die weißen Fahnen der Kapitulation und verhöhnen stumm das heroische „Niemals!", das noch vorgestern die heiseren Lautsprecher der amtlichen Propaganda verkündeten – aber der helle Morgen der Freiheit ist das nicht.

Es ist wie bei einem Schwerkranken, der wider Erwarten die Krisis überlebt hat – noch ist ganz ungewiß, woher er die Kräfte zur wirklichen Genesung und zum neuen

Leben gewinnen soll. Das ist die eine Seite unserer Welt.
Die andere ist noch weniger erhebend – ein häßliches Nachspiel der Schmach. Tag um Tag werden jetzt die Funktionäre des Dritten Reiches als Gefangene des amerikanischen Sicherheitsdienstes eingeliefert. Bei ihnen allen enthüllt sich in niederdrückender Monotonie folgendes Schema, nach dem sie ihre letzten Tage im Dritten Reich verbracht haben.
Letzte Rede an die Bevölkerung der Stadt, vor deren Toren die amerikanischen Truppen stehen: Widerstand bis zum letzten! Widerstand? Durch wen? Durch die Zurückgebliebenen – Greise, Frauen, Kinder? Ja.
Nach der Rede, meist zwei Tage vor dem Einrücken der Amerikaner: „Befehlsgemäß abgesetzt!“ Dies Wort „absetzen“ muß für immer mit dieser geschichtlichen Stunde verbunden bleiben. Für das Volk, für die Mütter, Kinder, Alten, ist der Widerstand bis zum letzten, ist das Sterben, sind die Trümmer – für die Hoheitsträger das „Sich absetzen“ ... „Die Fahne hoch!“ Keiner fällt mit seiner Stadt. Keiner stirbt auf den Trümmern.
Dann Mittenwald. Gebirgsjäger. Jawohl, alle diese Mannen, wie sie da eingeliefert werden, sind noch Soldat geworden. Vielleicht haben sie unterwegs beim „Absetzen“ noch irgendeine Brücke gesprengt, deren Zerstörung zwar nicht einen einzigen amerikanischen Panzer aufgehalten hat, aber dafür die Versorgung der deutschen Bevölkerung auf lange hinaus gefährden wird. Und dann haben sie sich in Mittenwald bei den Gebirgsjägern gemeldet. Die Wehrmacht hat Auffangstellen für sie einrichten müssen, sie werden eingekleidet, bekommen ein Soldbuch, werden nach fünf Tagen ordnungsgemäß entlassen. Sie meinen, jetzt kann ihnen nichts passieren, sie sind nicht mehr Kreisleiter, Ortsgruppenleiter, Hoheitsträger – das Schlimmste, was ihnen passieren kann, ist Kriegsgefangenschaft.
Aber auch ein amerikanischer Soldat begreift, daß ein Fünf-Tage-Soldat kein richtiger Soldat ist. Und ein Deutscher, der dabeisteht und dem bei solchem elenden tagelangen Schauspiel langsam die Röte ins Gesicht steigt, begreift, daß einer, der fünf Jahre unabkömmlich gewesen ist, in den letzten fünf Tagen auch nichts bei den Soldaten zu suchen hat. Denn der Soldat – das ist eine redliche, gerade, tapfere Existenz. Er hat auch meist gestanden bis zuletzt. Aber hier ist weder Redlichkeit noch Geradheit noch Tapferkeit. Hier ist Schande.
Denn nun beginnt jenes demütigende Schauspiel, das unsere Nation mit Schmach bedeckt hat: Mit einer einzigen Ausnahme, übrigens einem rechtschaffenen, ordentlichen und menschlichen Beamten unseres Gefängnisses, der sich zu seiner politischen Überzeugung bekennt, mit dieser einen Ausnahme ist es keiner gewesen.
Was da eingeliefert wird, das ist nach den eigenen Aussagen eine Sammlung friedlicher, bürgerlicher Existenzen. Sie waren kirchentreu (das sagen sie alle zuerst), und

sie waren menschlich, sie sind für die Juden eingetreten und für die Tschechen und Polen auch, sie haben keinem ein Haar gekrümmt, sie haben nur Befehle ausgeführt, aber sonst sind sie harmlos, unvorstellbar harmlos. Harmlos ist der Ortsgruppenleiter, zu dessen Bereich das Gefängnis gehört hat; die Beamten, fast alle selber Parteigenossen, verstauen ihn mit unverhüllter Genugtuung – sie kennen ihren Häuptling.

Ein richtiger Gestapo-Funktionär ist so harmlos, daß er auf die einleitende Frage des Verhörs: „Sie waren also bei der Gestapo?“ nur antworten kann: „Gestapo – was ist das?“ Er hat aber auch vor seiner Verhaftung eine ganze Flasche Kognak getrunken (er hatte noch eine) und sieht nun ein wenig bleich und benommen aus. Nach seinen eigenen Aussagen hat er Hunderte von Pfarrern auf weltliche Berufe umgeschult, die alle froh gewesen wären, aus dem Kirchendienst herauszukommen; als ihm der vernehmende Amerikaner ganz genau sagt, was er für einen Dienst gehabt hat, da fällt ihm im Augenblick gar nicht recht etwas ein, das er antworten könnte – woher wissen die anderen nur so genau Bescheid?

Dies Schauspiel, das sich nun Tag für Tag und Mann für Mann wiederholt, ist so unwahrscheinlich würdelos, daß der Beobachter nur zu dem Schluß kommen kann: Es brauchte gar keine KZs gegeben zu haben und keine Goebbelssche Propaganda, keine Stalingrad-Strategie und keinen totalen Vernichtungskrieg bis zum letzten – diese atemberaubende Feigheit, da nicht einmal der leiseste Versuch unternommen wird, sich zu den Idealen von gestern zu bekennen, da eine einstmals große oder wenigstens laute Sache nicht einmal mehr verraten wird, sondern in einer niederschmetternden Ruhmlosigkeit einfach in das Nichts fällt – diese atemberaubende Feigheit ist das schlimmste Selbstgericht über die eben zusammengebrochene politische Ordnung, das man sich denken kann. Man kann nicht einmal vom tosenden Zusammenbruch reden – dieser Untergang ist wahrhaft einmalig, noch nie ist ein Kapitel deutscher Geschichte so ruhmlos zu Ende gegangen.

Sollte in diesem verwirrten und benommenen Volk, das durch Bombennächte und Hunger, durch Leid und Wunden, durch Betrug und Verführung gegangen ist und noch schweren Dingen entgegengeht, noch ein Nationalgefühl lebendig sein, dann muß diese Schmach brennen und brennen. Sie haben dem deutschen Namen Unvorstellbares angetan.

Das ist die andere Seite. Und dazwischen liegt die turbulente Welt, in der wir jetzt leben. Die nervösen, unterernährten Mitgefangenen lassen – begreiflicherweise – jedes seelische Gleichgewicht vermissen; die Beamten sind wie abgestumpft durch die Eindrücke, denen sie führungslos preisgegeben sind, und die Amerikaner haben alle Mühe, die Böcke von den Schafen zu sondern, bei Gefangenen, Beamten und Neuankommenden.

Es ist eine sehr nervöse Welt; immerfort droht eine Saite zu reißen. Aber einen Punkt gibt es in dieser nebelhaften Ungewißheit, in dieser erniedrigenden Saga von der Haltlosigkeit der Menschlichkeit – das Wort Gottes.

Ich habe endlich meine Bibel wieder, meine vertraute kleine Taschenbibel, die mich seit den Tagen meiner Indienreise begleitet hat und so viele denkwürdige Eintragungen enthält. Nun schreibe ich ein neues Datum an den Rand beim ersten Buche Moses, im 50. Kapitel: „Die Brüder aber Josephs fürchteten sich, da ihr Vater gestorben war, und sprachen: Joseph möchte uns gram sein, und vergelten alle Bosheit, die wir an ihm getan haben. Darum ließen sie ihm sagen: Dein Vater befahl vor seinem Tode und sprach: Also sollt ihr Joseph sagen: Vergib doch deinen Brüdern die Missetat und ihre Sünde, daß sie so übel an dir getan haben. So vergib doch nun diese Missetat an uns, den Dienern des Gottes deines Vaters. Aber Joseph weinte, da sie solches zu ihm redeten. Und seine Brüder gingen hin und fielen vor ihm nieder und sprachen: Siehe, wir sind deine Knechte.

Joseph sprach zu ihnen: Fürchtet euch nicht, denn *ich bin unter Gott.* Ihr gedachtet es böse mit mir zu machen; aber Gott gedachte es gut zu machen, daß er täte, wie es jetzt am Tage ist, zu erhalten viel Volks. So fürchtet euch nun nicht; ich will euch versorgen und eure Kinder. Und er tröstete sie und redete freundlich mit ihnen."

Das wird der Text der ersten Predigt, die ich nach der Befreiung halte. Die Gefängniskirche ist voll, natürlich, denn vor ihnen steht einer im Talar, den sie bis dahin nur im schäbigen, äußerst schäbigen Sträflingsanzug gekannt haben. Ich kann es nicht ändern, daß es ein „Judenbuch" ist, das da von Edelmut spricht und damit den ersten, sehr schmalen, aber unübersehbaren Damm gegen die neue Welle von Haß und Vergeltung aufwirft; es ist Gottes Wort und heiliger Wille. „Ich bin unter Gott."

Nach langen, viel zu langen Verhandlungen, unter denen die längst überbeanspruchten Nerven der Mitgefangenen zu zerreißen drohen, geht auch dies letzte Kapitel der Haft zu Ende.

Es ist Sonnabend, der 26. Mai 1945, als wir endlich die Papiere in der Tasche haben, daß wir frei sind. Frei!

Ein Frühling von einer Üppigkeit ohnegleichen deckt das geschlagene, blutende Land, wie ein tröstliches Zeichen dafür, daß unter so viel schmählichem, drückendem Zusammenbruch Gottes ewige, gütige Ordnung weitergeht, Frost und Hitze, Sommer und Winter, Tag und Nacht.

Noch ist unsere Welt wie mit Brettern eingezäunt; kaum dringt eine Kunde aus anderen Teilen des Landes her, Verkehr gibt es nicht. Die Ungewißheit steigert bei den meisten Kameraden die Nervosität auf den Siedepunkt.

Ich bin ganz ruhig. Die Scheidewand, die die sichtbare Welt von der unsichtbaren trennt, ist ganz dünn geworden. Es ist einer von den seltenen Augenblicken im Leben, da man das Geheimnis des göttlichen Pla-

nes hinter den Dingen fast mit der Hand greifen kann.
Eines Tages geschieht, was ich irgendwann in der Haft wie eine Vision mit geistigem Auge sah: Ein Auto fährt vor. Woher kommt in dieser desorganisierten Welt, in der sich nur alliierte Truppentransporte bewegen können, ein Auto? Der Landesbischof von Hannover hat es geschickt. Irgendein wandernder Soldat hat die Kunde, daß ich in Nürnberg am Leben bin, nach der Heimatstadt gebracht. Da mein Elternhaus zerstört ist – ich wußte es nicht –, hat keine dorthin gerichtete Nachricht ihr Ziel erreicht; von der Familie weiß ich nichts, Briefe und Nachrichten, die ich aufs ungewisse nach Berlin und Bremen gerichtet habe, sind noch ohne Antwort. Aber wie ein plötzlicher Blitz ist diese Kunde daheim aufgezuckt. Drei prachtvolle Vertreter der Heimatkirche, die sich mit Kühnheit und Findigkeit durchgeschlagen haben, sind im Wagen, sie bringen einen Brief des Bischofs, alles ist für die Rückreise bereit. Ich brauche nur einzusteigen. Wir fahren durch die blühende Frühlingswelt, durch diese deutsche, deutsche Landschaft, deren Schönheit kein Wort beschreibt, mit jedem Wechsel ein neues, überwältigendes Geschenk an den dem Tode Entronnenen. Es ist ein aus tausend Wunden blutendes Land, aber die blauen Berge und die grünen Wälder sind noch da, die Ströme und Täler, und mit jeder Stunde rückt die Heimat näher, die Heimat!
Heimkehr, Heimat, wiedergeschenktes Leben, neuer Dienst! Trotz allem wölbt sich der Bogen der Freiheit über Land und Leben. In den Nebeln der Zukunft liegt noch viel Bitteres verborgen. Aber es ist doch ein neuer Tag. Für einen Augenblick liegt die Stunde der Geschichte ganz offen da: Noch kann alles werden.

Epilog

Dies ist der Bericht eines schlichten Christenmenschen, der, obwohl er nichts anderes als ein Prediger des Evangeliums war, in die Hände der Gestapo fiel, und den Gott dort bewahrt hat wie einst die Männer im feurigen Ofen. Es ist ihm in den Feuern der Anfechtung ergangen wie jenen: „Der Engel des Herrn machte es wie einen kühlen Tau im Ofen." So ist er denn, ein Wunder der Barmherzigkeit Gottes, an Leib und Seele bewahrt geblieben, wiewohl er an beiden nicht unbeträchtliche Schrammen davongetragen hat.
Aber er hat seinem himmlischen Herrn für eine unvergeßliche, köstliche Schule der Anfechtung zu danken; denn er weiß wohl, daß in friedlichen Zeiten ein Mensch niemals freiwillig einen solchen Weg durchs finstere Tal geht.
Er hat jenen Streifen Landes betreten dürfen, der nicht mehr das irdische und noch nicht das zukünftige Leben ist, der aber schon viel stärker im Morgenglanz der Ewigkeit als im Schatten irdischer Erinnerung liegt, und er weiß, daß er ein Leben lang nicht wieder vergessen wird, wie sich an

dieser Schwelle das Leben verwandelt. Und wenn er je in Gefahr geraten sollte, es zu vergessen, wird ihm das Gedenken an jene Gefährten helfen, mit denen er gemeinsam an dieser Schwelle stand und deren größere Zahl die ewige Stimme an das andere Ufer gerufen hat, während er selber auf Gottes Geheiß ins irdische Leben zurückging.
Er weiß auch, welche kostbare innere Unabhängigkeit es gewährt, mit dem Leben abgeschlossen zu haben, nachdem einmal rohe und tyrannische Hände ihn unmittelbar vor das Angesicht des Todes gezerrt haben; unvergeßlich wird ihm bleiben, was er von dem Schlußwort Moltkes vor dem Volksgerichtshof gehört hat, das kein noch so leiser Schimmer irdischer Hoffnungen mehr schwächen durfte und das ihn, den Gefesselten, zu dem einzigen Freien mitten unter den Schergen des Unterganges gemacht hat.
Und er weiß, daß er sich hinfort vor keiner irdischen Macht mehr fürchten darf. Denn er hat auch einmal selber ganz mit seinem Leben abgeschlossen gehabt, hat einmal wirklich und vollständig gebeichtet und im Mahl des Herrn das Siegel einer Gnade empfangen, die über alles Unfertige, Versäumte, Verschuldete die Vergebung breitet. Er hat erfahren, wie süß, wie unsagbar süß das Licht der Freiheit ist und wie köstlich das Leben, das wie eine lautere Gnade, als reines, unverdientes, unerwartetes Geschenk über ihn gekommen ist, nicht mehr bedeckt durch den Rauhreif der Selbstgerechtigkeit und Selbstbehauptung.
Nach jener königlichen Stille aber, da die Hast der Zeit ihm keinen Schaden tun durfte, da er Woche um Woche beten, meditieren, denken und wieder beten konnte, da er seinen Geist wie weichen Ton in die Hand des ewigen Herrn legen und durch die göttliche Nähe prägen lassen durfte, nach jener Zeit der Stille, die ihn innerlich frei gemacht hat wie nie zuvor, wird er noch oft zurückblicken, wird immer aufs neue von der Frage bewegt werden, ob es denn das, was ihm im Angesichte jener Todesgrenze an schönsten und köstlichsten Gaben Gottes erkennbar wurde, nicht auch mitten im Leben gibt.
Noch stärker aber bewegt ihn die Verpflichtung, die jene Zeit auf ihn gelegt hat.
Außer jenen überirdischen Gaben Gottes ist es vor allem das Gedenken an jene, die ihr Leben hingeben mußten, das ihn bindet. Denn das Böse, das nach ihnen die Hand ausstreckte und gegen das sie einen scheinbar sieglosen, aber dennoch nicht vergeblichen Kampf gekämpft haben, ist noch immer gegenwärtig. Es lebt nicht in jenen Erscheinungen der Oberfläche, da der flüchtige Blick es noch heute geschäftig sucht, sondern in viel größeren Tiefen, aber darum auch viel näher und des nächsten Ausbruchs gewärtig. Es lebt überall, wo der Haß, die Vergeltung oder gar die Ungerechtigkeit mächtig sind; denn aus ihnen kann, ganz gleich welche Richtung sie haben, niemals etwas Gutes, sondern immer nur Vernichtung kommen. Es lebt auch da, wo Bitterkeit und Resignation ihre lähmende Gewalt

über die Herzen üben und ihnen den Mut nehmen, im Namen Gottes einen neuen Anfang zu machen.
Und er weiß, daß es gegenüber diesen dunklen Möglichkeiten nur eine irdische Verheißung gibt: den unerschütterlichen Gehorsam gegenüber der heiligen Ordnung Gottes, der göttlichen Wahrheit, dem ewigen Recht, den jene durch ihr Sterben über alle Schranken verschiedener religiöser und politischer Überzeugung hinweg bewährt haben.
Und er hofft, daß hier eine Stelle sei, von der aus die chaotische Verwirrung, die noch immer unser Volk niederdrückt, geheilt werden könne.

Hanns Lilje

Der Weg aus dem finstern Tal

Mit diesem „Bericht eines schlichten Christenmenschen" hat Hanns Lilje eine Publikation vorgelegt, die weitreichende Wirkungen entfaltet hat und bis heute den Leser beeindruckt.

Was war das Geheimnis ihrer in den Nachkriegsjahren außergewöhnlichen internationalen Wirkung? Es war ebensosehr die Dramatik des Berichteten wie dessen Deutung vom christlichen Glauben her. Hinzu kam die bewußt schlicht gehaltene Sprache, die stellenweise dichterischen Rang erreicht. Dabei ließ der Buchtitel „Im finstern Tal" den weithin vertrauten 23. Psalm mit seinem „Denn du bist bei mir" anklingen. Es war klar, daß hier nicht ein beliebiges, sondern ein beispielhaftes Einzelschicksal beschrieben wurde: für die verunsicherten Menschen im Nachkriegsdeutschland eine nachvollziehbare Deutung der geschichtlichen Ereignisse, die sie selbst miterlebt, aber noch kaum verstanden hatten. Insbesondere die präzise Beschreibung des Zerfalls des NS-Staates in seiner Nürnberger Gefängniszeit sprach die Menschen an: Daß es hinterher keiner gewesen sein wollte (vgl. S. 92)[1], das hatten sie an ihren Orten genauso erlebt, vielleicht sogar selbst praktiziert. Daß das ganze Geschehen im Horizont des christlichen Glaubens reflektiert wurde, nahmen viele nach Sinn hungernde Menschen begierig auf. – Für die Leser im Ausland, die in der NS-Zeit an Deutschland und den Deutschen irre geworden waren, zeigte Liljes Bericht ein „anderes Deutschland", auf das sie wieder Hoffnung setzen konnten. Mit seinem Schicksal und dem Bericht darüber wurde Lilje schon in der ersten Nachkriegszeit zu einem der ganz wenigen glaubwürdigen Repräsentanten seines Landes und seiner Kirche, denen man auch im Ausland zu vertrauen bereit war.

Bewährungsprobe

In eindrucksvollem Kontrast beginnt der Bericht mit einer Wanderung durch sternenklare Nacht in der herrlichen Landschaft des thüringischen Eichsfelds auf dem Weg zur Feier von Liljes 45. Geburtstag in Berlin, wo er dann durch Gestapo-Leute aus dem Mittagsschlaf herausgerissen und verhaftet wird. Nach der Beschreibung der Einlieferung in das Untersuchungsgefängnis und seiner allmählichen Einstellung auf die Situation – begleitet von ersten Eindrücken über das Leiden von Mitgefangenen – folgt einer der Schlüsselsätze der Schrift: „In diesem Augenblick steht mein Entschluß fest: alle Kräfte des geistigen und seelischen Widerstandes in mir zu mobilisieren, damit ich unter keinen Umständen solchen Zusammenbrüchen erliege." (S. 35)

In der Tat: Hanns Lilje begreift die Haft als Bewährungsprobe, und er nimmt die Herausforderung an. Seine Schilderung ist durchzogen von Hinweisen darauf, wie das geschieht. Den Beginn der Verhöre, „das aufregend schöne Spiel um Leben und Tod" (S. 44, 51), steht er „mit größter Frische und Elastizität" (S. 50) durch. Er führt das immer wieder auf seinen gesunden Schlaf zurück; die Gefängniskost habe die Wirkung „eines guten Trainings oder einer asketischen Disziplinierung" gehabt. Im gleichen Zusammenhang beschreibt er, wie er sich während der Haftzeit körperlich und geistig fit hält (S. 51f.). Die Bombennächte in Berlin erinnern ihn an den „inneren Adel" des vom Tode bedrohten Frontsoldaten gegenüber dem Mann der Etappe (S. 64).[2] In Nürnberg allerdings kann er diese fast sportliche Einstellung doch nicht durchhalten: Unter der „Gewalt" des Hungers schwinden die Kräfte. „Von da aus gesehen, hätten die amerikanischen Truppen nicht viel später ankommen dürfen." (S. 89)

Glaubensprüfung

Die sportliche Haltung gegenüber der Herausforderung durch die Haft ist nur ein Aspekt der Bewährungsprobe. Entscheidend ist ein anderer: An vielen Stellen seines Berichts macht Lilje deutlich, daß er die Haftzeit als eine Prüfung seines Glaubens versteht. Das zeigt sich schon in der „Anrede an den Leser", in der er von „jener Zeit der Prüfung" spricht (S. 30). In den Bombennächten im dunklen Gefängnis lernt er – nach einer falschen medizinischen Behandlung – „buchstäblich das ‚Zittern und Zagen' kennen" (S. 64) und zeigt sich dankbar dafür. „Denn wer wirklich auf Gottes Hilfe trauen lernen will, ... muß tief hinabgeführt sein in jenes finstre Tal, von dem der dreiundzwanzigste Psalm spricht." (S. 64) Nach der Verlegung nach Tegel fühlt er sich „am sichtbarsten in den dunklen Bannkreis des Todes gerückt" (S. 70). Nur andeutend spricht er von den Erfahrungen, nachdem er sich auf ein Todesurteil eingestellt hatte: „Gesegnete Stille. Gesegnete Einsamkeit. Gesegnete Haft." (S. 72) Er spricht – nach dem Vorbild des Geschehens im Garten Gethsemane – davon, daß er lernt, „wie man über Zittern und Zagen hin zu diesem schweren heiligen Gotteswillen ja sagt" (S. 73). Die Abendmahlsfeier in der Zelle wird für ihn „der innere Wendepunkt meiner Haft" (S. 73). Er bekennt, daß „einer, den Gott in diese Schule der Erkenntnis genommen hat, ihn dafür als für das bedeutsamste geistliche Geschenk seines Lebens preisen" wird (S. 75). Und am Schluß, als die Nachricht vom Einmarsch der Amerikaner sich im Gefängnis ausbreitet, registriert er „ganz leises Verwundern (oder muß ich es gar Bedauern nennen?), daß nun plötzlich und unwiderruflich die Zeit der Prüfung vorbei ist" (S. 90f.). So wird

Hanns Liljes Bericht zu einem ganz persönlichen Glaubenszeugnis, glaubensstärkend auch für andere.

Die Art des Umgangs mit dem Erleben der Haft hat noch eine weitere Seite. Das wird deutlich an einem Vergleich mit einem anderen Theologen, der – schon ein Jahr zuvor – in Tegel gefangen saß: Dietrich Bonhoeffer. Beide kannten sich seit langem; Lilje geht an zwei Stellen seines Berichts auf Bonhoeffer ein und erwähnt durch den Gefängnispfarrer vermittelte Grüße (S. 60; 90). Aber Bonhoeffer ist akademischer Theologe. Er kann nicht anders als auch in der Haft theologisch weiterzuarbeiten. Er denkt über die zukünftige Gestalt von Kirche und Theologie nach und prägt dabei Begriffe, die für die theologische Diskussion seither entscheidende Anstöße gaben. Er arbeitet an einer neuen Ethik, schreibt eindrucksvolle Gedichte – das Gedicht aus jener Zeit „Von guten Mächten wunderbar geborgen" ist in das Evangelische Gesangbuch aufgenommen worden.[3]

Auch Lilje beschäftigt sich mit theologischen Fragen. Er hat sogar einige Wochen hindurch das Manuskript eines Buches verfassen können, aufgrund von Literatur, die ihm ähnlich wie Bonhoeffer von Angehörigen zeitweise ins Gefängnis gebracht werden konnte: „Luther. Anbruch und Krise der Neuzeit"[4]. Aber sein Bericht über das „finstere Tal" bleibt ganz ausgerichtet auf seinen persönlichen Glauben. In der Einsamkeit der Gefängniszelle fühlt er sich ganz persönlich herausgefordert, den Gefahren im Glauben standzuhalten.

Diese Art der Verarbeitung des Geschehens hat durchaus Parallelen bei Bonhoeffer. Aber der Unterschied der beiden Männer wird doch deutlich. Lilje versteht sich in erster Linie als Prediger des Evangeliums. So erinnert er sich seiner letzten Weihnachtspredigt in Berlin-Lichterfelde und berichtet von der Abendmahlsfeier für einen Todgeweihten in der Zelle in Anwesenheit des Kommandanten (S. 68ff.). Ebenso eindrücklich berichtet er von seiner ersten Predigt nach der Befreiung (S. 94), in der das bis dahin als „Judenbuch" verfemte Alte Testament von Edelmut angesichts erfahrenen Hasses redet.

Von der Gotteserfahrung in der Haft her wird die gesamte Darstellung stilisiert. Demgegenüber treten andere Lebensbereiche zurück. Man erfährt – das fällt im Vergleich zu heutigen Darstellungen auf – wenig oder nichts über Körperpflege oder Sexualität. Nur gelegentlich klingt an, daß Lilje Sinn für gepflegtes Äußeres hat: Bei der Verhaftung nimmt er mit Bedacht einen schwarzen Anzug mit, der ihm bei Verhören und vor dem Volksgerichtshof „immer ein wenig klerikalen Glanz" verleihen wird (S. 32); es schmerzt ihn, daß seine Frau miterleben muß, wie er zusammen mit anderen unter wüsten Beschimpfungen abtransportiert wird (S. 83). Sein Hang zum Sarkasmus macht sich besonders in der Beurteilung des Gefängnispersonals Luft. Dahinter verbirgt er aber auch, daß er unter seiner geringen Körpergröße leidet: Beim Abtransport zu einer Verhandlung wird er beim Anlegen der Handfesseln übersehen, „was mir wegen meines schlechthin unbedeutenden Äußeren oft widerfährt“ (S. 76). Darin klingen Eigenheiten seiner Persönlichkeit an; doch treten sie insgesamt zurück. Im Vordergrund steht der „schlichte Christenmensch“ Hanns Lilje, der eine schwierige Zeit im Glauben durchgestanden hat und davon berichtet, um – fast wie ein Psalmist des Alten Testaments – damit Gott zu loben. Und er findet viel Anlaß dazu: Er weiß sich gerade in kritischen Situationen eingehüllt in die Fürbitte anderer (z. B. S. 53; 64) und spürt den Frieden Gottes gegenwärtig, „wie man eine Hand fühlt“ (S. 69).

Vorbereitung

Man wüßte gerne, welche Gedanken Lilje in der Haft über den Weg der Kirche nach dem Kriege entwickelt hat. Darüber schweigt sich der Bericht weitgehend aus. Nur im Zusammenhang der nächtlichen Besuche des Freiherrn von Guttenberg während der Luftangriffe notiert er: „Wieviele Pläne sind in diesem Hause darüber geschmiedet worden, wie man den Opfern des 20. Juli künftig würde helfen können und was man überhaupt für die zu erwartende riesige Not des deutschen Volkes würde tun können!“ (S. 66) Hier wird sein Gefühl der Verpflichtung gegenüber dem eigenen Volk deutlich. Zum Schluß seiner Schrift kommt Hanns Lilje auf dieses Thema zurück. Er zieht – in einer an den großen Traum Martin Luther Kings erinnernden Weise – die Bilanz seiner Hafterfahrung (S. 95ff.).

An diesem Schlußwort ist die Solidarität mit den Männern des 20. Juli bemerkenswert, die er auch sonst zeigt. Er steht zwar dem Gedanken eines Tyrannenmords fern, so verlockend er im Verlauf des „Dritten Reiches“ erscheinen mochte, doch bejaht er ein Widerstandsrecht, allerdings „nur“ einen Widerstand mit dem Wort Gottes: „Was kann es für den Christen, wenn er wirklich an den lebendigen Gott glaubt, für eine mächtigere Waffe geben als eben dies Wort, das Felsen zerschlägt?“ (S. 55f.) Diese Einstellung hindert ihn jedoch keineswegs, anderen Respekt zu zollen, die zu anderen Entscheidungen gekommen sind (S. 56ff.). So findet sich keine abwertende Aussage über die führenden Männer des 20. Juli, und wo er doch Kritik üben muß, verzichtet er auf Namensnennung. Die Verpflichtung, ihr Erbe zu bewahren und den Überlebenden die Treue zu halten, war ihm zeitlebens heilig. Es ist kein Zufall, daß er sich die Lungenentzündung, die zu seinem Tod führte, bei der Beerdigung seines einstigen Mithäftlings des Freiherrn von Palombini (S. 79)[5] holte.

Der Punkt, von dem aus die gegenwärtige Generation „zum Christusglauben der Reformation als zu einer lebendigen, sie heute und hier angehenden Sache zurückfinden kann", bewegt Lilje auch in seinem in der Haft entstandenen Lutherbuch: „Es handelt sich um den Zentralpunkt im Selbstverständnis der Gegenwart."[6] Es wird zwar nirgends ausgesprochen, ist aber doch unverkennbar, daß Lilje sich in der Einsamkeit seiner Zelle dem Mann besonders nahe fühlt, der in seiner Klosterzelle zur reformatorischen Erkenntnis durchdringt. Von der Wirkung Luthers in seiner Zeit zieht er eine Linie zur Gegenwart: „... dann steht gerade unsere Generation unter einer Verheißung, die alle unsere Nöte verwandeln und segnen kann: daß gerade aus der erschütternden Not und dem geschichtlichen Grauen ihrer Gegenwart wieder das Antlitz Christi sichtbar werde."[7] Und das hat Bedeutung nicht nur für Deutschland, sondern für ganz Europa: „Noch einmal ist Europa die Schicksalsfrage gestellt. Denn Europa würde nicht leben können, wenn es seine Seele und seinen Glauben für immer verloren hätte."

In diesen Stellungnahmen werden Grundlinien seiner Theologie erkennbar, die auch in späterer Zeit sein Handeln bestimmten: Er beharrte darauf, daß es nicht Aufgabe der Kirche und des Predigers sei, selbst in das politische Geschehen einzugreifen. Wohl aber habe sie die Gewissen zu schärfen und auf das Evangelium hinzuweisen als eine für das Leben entscheidend notwendige Dimension, ohne die alles andere hohl und falsch wird. Er hatte in der Haftzeit die innere Freiheit gewonnen, den Mächtigen der Welt in großer Unbefangenheit und mit einem ausgesprochenen Sendungsbewußtsein gegenüberzutreten. Er wußte nun, daß er eine Sache zu vertreten hatte, die für die einzelnen wie für das Gemeinwesen von lebenswichtiger Bedeutung ist. Sein volksmissionarisches Programm hat er in der Haft präzisiert und weiterentwickelt. Konkrete Projekte der Kirchenreform der Nachkriegszeit sind jedoch in der Haftzeit nicht entstanden. Ausdrücklich sagt er in seinem Lutherbuch: Wohin die Kirche „ihr kirchengeschichtlicher Weg weiterhin führen wird, ist im einzelnen noch völlig unerkennbar. Nur so viel ist gewiß, daß die Möglichkeit einer bloßen Repristination längst vorbei ist; ihre Treue zum Werk Martin Luthers kann sie nicht so bezeugen, daß sie auf dem bisherigen geschichtlichen Wege stehen bleibt, entweder im 16. oder 19. Jahrhundert, sondern nur so, daß sie auf dem damals gezeigten Wege weiterschreitet. Es kann kein Zweifel mehr sein, daß sie dabei vieles wird preisgeben müssen, was sie bisher bestimmt hat ..."[8] Lilje geht der Zukunft der Kirche mit großer Offenheit entgegen, in der Gewißheit, daß die „neuen Erfahrungen" nicht von „menschlichen Planungen zu erwarten" sind, sondern als „überirdische Gabe und Begnadung".

Ähnlich offen diskutiert Lilje die Frage der anzustrebenden Staatsform. Man wird nicht erwarten können, daß er ein flammendes Bekenntnis zur Demokratie ablegt; dieser Begriff begegnet nirgends in seinem Lutherbuch[9]. Aber er bereitet den Boden für eine neue Gestaltung des Staatswesens; zunächst macht er unmißverständlich klar: „Die Kirche im Verständnis der lutherischen Reformation ist an keine bestimmte politische Erscheinungsform gebunden.“[10] Sodann legt er Grundlinien eines lutherischen Staatsverständnisses dar: „Herrscher und Staat sind Glieder einer göttlichen Ordnung“, die staatliche Ordnung ist Schutz gegen das Chaos. Die daraus sich ableitende Würde der Staatsordnung hat als „Gegenstück“ die Verantwortung, die sie auf die Regierenden legt; „Mißachtung der staatlichen Autorität wie Staatsabsolutismus sind für den Christen unmöglich. Denn die staatliche Autorität ist durch eine doppelte Verantwortung begrenzt, gegenüber Gott und gegenüber den Menschen.“ Das „vornehmste Recht der Untertanen“ ist der Gehorsam, allerdings kann Gehorsam „nur von Freien geleistet werden“, weshalb reformatorisches Staatsdenken auch von den „Grenzen des Gehorsams“ weiß. Es gibt daher auch „ein Widerstandsrecht gegen die Obrigkeit“. Die „Grenze ist da erreicht, wo der Gehorsam gegen die irdische Obrigkeit mit Ungehorsam gegen Gottes Gebot erkauft werden soll“. Besonders die Kirche hat „mit ihrer Verkündigung die Aufgabe, das Gewissen der Herrscher zu sein und muß diese Aufgabe zu allen Zeiten furchtlos und ohne Rücksicht auf die Folgen ausführen. Bleibt aber diesem Zeugnis die Wirkung versagt, so bleibt der Christenheit und ihren Gliedern nur noch das eindrucksvolle, schweigende Zeugnis des Martyriums.“[11] Ohne eine bestimmte Staatsform zu propagieren, zeichnet Lilje damit eine Staatsordnung, die offen ist für demokratische Strukturen – unter der Voraussetzung, daß die Verantwortung vor Gott nicht aus dem Blickfeld gerät.

Die Haftzeit und deren Bewältigung war und blieb für ihn eine Art Berufungserlebnis. Viele Jahre später formuliert er im Blick auf sein Bischofsamt: „Für mich entsprach der neue Auftrag einem Ruf. Mein theologisches Denken war so gestaltet, daß ich ohne Gewißheit um einen Ruf Gottes den Weg überhaupt nicht angetreten hätte. Es gab Hilfserwägungen, die mir diesen Gedanken nähergebracht hatten, am meisten die Tatsache, daß ich trotz der schweren Gefährdung des Bombenkrieges und der Gestapohaft am Leben geblieben war und die Freiheit wiedergesehen hatte.“[12]

Durststrecke

Zwischen der Befreiung aus der Haft und dem Antritt des Bischofsamtes lag jedoch noch eine Durststrecke von etwa zwei Jahren. Bis 1947 zog sich der quälende Abschied des Landesbischofs August Marahrens von seinem Amt hin.[13] Solange blieb Hanns Lilje in Wartestellung. Zunächst mußte für ihn ein kirchliches Amt in Hannover gefunden werden – und auch eine Wohnung, was in der schwer kriegszerstörten Stadt eher noch schwieriger war.[14]

Schon gleich nach der Entlassung aus dem Gefängnis machte Lilje die Erfahrung, welches Vertrauen er wegen seiner Inhaftierung bei den Besatzungsmächten gewonnen hatte: Durch seine Frau hatten Antonie Nopitsch und Liselotte Nold, die den Bayerischen Mütterdienst leiteten, von Liljes Verlegung nach Nürnberg erfahren und hatten sich gleich nach dem Einmarsch der Amerikaner zu ihm durchgeschlagen. Sie nahmen den Entkräfteten unter ihre Obhut und halfen ihm, sich wieder im zivilen Leben zurechtzufinden. Zugleich nahmen sie ihn in die Pflicht, ihnen bei der Zuweisung des früheren Hitler-Jugend-Anwesens in Stein bei Nürnberg bei der amerikanischen Besatzungsmacht zu helfen, was auch gelang. Daraus entwickelte sich eine lebenslange Anhänglichkeit an die Arbeit des Bayerischen Mütterdienstes, eine Hochachtung vor dem Engagement der Frau in der Kirche und eine Hinneigung zur diakonischen Arbeit, deren Konsequenz die Wahl zum Präsidenten des Centralausschusses der Inneren Mission – dem damaligen gesamtdeutschen diakonischen Leitungsgremium mit repräsentativer Funktion – im Jahre 1946 war.[15]

Zum 15. Juli 1945 wurde Lilje zum Oberlandeskirchenrat im Landeskirchenamt Hannover berufen, wo er vor allem für die Vertretung der Kirche nach außen zuständig wurde, weil Landesbischof Marahrens immer weniger als „vorzeigbar“ galt. Bei der Begründung der Evangelischen Kirche in Deutschland im August 1945 war Marahrens zwar zugegen, aber es war Lilje, der in das neue Leitungsgremium, den Rat, gewählt wurde. Bei der „Stuttgarter Schulderklärung“ der deutschen Kirchenvertreter gegenüber Vertretern der Ökumene im Oktober 1945[16] war es wieder Lilje, der als Ratsmitglied auch die Landeskirche repräsentierte. Marahrens' Tätigkeit beschränkte sich mehr auf den Bereich der eigenen Landeskirche. Er war 1934/35 dem Ansturm der „Deutschen Christen“ entgegengetreten und hatte fast sämtliche kirchenleitenden Befugnisse an sich gezogen, um von einer sicheren Rechtsposition aus die „Deutschen Christen“ in der Landeskirche allmählich zurückzudrängen. In gleicher Weise wollte er nun auch nach dem Krieg erst nach der Wiederherstellung einer geordneten rechtlichen Struktur von seinem Amt zurücktreten, obwohl er von allen Seiten zum Rücktritt gedrängt wurde.

Dies brachte Lilje in keine leichte Situation. Einerseits sah er sehr wohl, in welche Schwierigkeiten die Landeskirche durch die wenig flexible Haltung ihres Bischofs gebracht wurde.[17] Andererseits konnte er die allgemeine Verurteilung von dessen Person und Handeln nicht unterschreiben. Er befand sich in einem Loyalitätskonflikt, weil er seinerzeit als Generalsekretär des Lutherischen Weltkonvents mit dessen Präsident Marahrens eng zusammengearbeitet hatte. Darüber hinaus hatte Marahrens es geschafft, Lilje in der Haft zu besuchen und in einer für beide sehr bewegenden Begegnung zu segnen.[18] Das schuf eine bleibende Loyalität Liljes zu seinem Bischof. Und jetzt teilte er in der Enge des notdürftig untergebrachten Landeskirchenamts sogar das Büro mit Marahrens. Demgegenüber wurde er aber schon früh von Militärregierung und Kirchenleuten als der gegebene Nachfolger angesehen, dessen Dienstantritt so bald wie irgend möglich gewünscht wurde.[19]

Diese Situation erforderte Liljes ganzes diplomatisches Geschick. Schließlich gelang es, die neue, aus ordnungsgemäßen Wahlen hervorgegangene Landessynode im April 1947 einzuberufen, vor der Marahrens seinen Rechenschaftsbericht gab und in aller Form zurücktrat. Es spricht für die gespannte Erwartung eines Neuanfangs, daß schon am Tage darauf, am 17. April 1947, die Wahl des neuen Landesbischofs vorgenommen wurde. Sie fiel einstimmig auf Hanns Lilje. Auch sein Vorgänger hatte sich für ihn ausgesprochen. Die Landesregierung erklärte umgehend ihre Zustimmung. Die Einführung in der kriegszerstörten Marktkirche – ohne Dach und Fenster – zeigte symbolhaft den Zustand der Kirche und des Landes. Gleichzeitig galt: „Die Willigkeit, die Offenheit, die Aufgeschlossenheit für die damals erforderlichen Aufgaben war groß."[20] Der neue Bischof war entschlossen, die Gunst der Stunde zu nutzen.

Die Jahre zwischen 1945 und 1947 waren für die Landeskirche keine Zeit der Stagnation, obwohl der Schatten der ungeklärten Bischofsfrage über allen Aktivitäten lag. Es gab auch in dieser Zeit schon zukunftsweisende Initiativen. Dazu gehörte der rasche Neuaufbau der kirchlichen Jugendarbeit, vor allem aber die Gründung der Evangelischen Akademie in Hermannsburg (1952 nach Loccum verlegt), die – als zweite Einrichtung dieser Art in Deutschland nach Bad Boll in Württemberg – eine weitreichende Wirkung in ganz Norddeutschland entfaltete, vor allem im Bereich der Wirtschaft, des politischen Lebens und der Presse. Bei diesem Neuansatz war Lilje führend beteiligt.[21]

Liljes Weg in die Ökumene

Nur wenige Wochen nach seiner Amtseinführung als Landesbischof trat in Lund/Schweden die erste Vollversammlung des neuen Lutherischen Weltbundes zusammen, bei der Hanns Lilje seine Kirche vertrat. Seine Pläne zur Umwandlung des Lutherischen Weltkonvents in einen verbindlicheren Weltbund aus der Vorkriegszeit waren dabei herangezogen worden. Das große Vertrauen, das ihm in Lund entgegengebracht wurde, und die Freundlichkeit, mit der er empfangen wurde, war so kurz nach dem Weltkrieg alles andere als eine Selbstverständlichkeit. Er wurde in das Exekutivkomitee gewählt.[22] – Ein weiterer Vertrauensbeweis war die Verleihung der Ehrendoktorwürde der Universität Edinburgh im November 1947, die mit einer Einladung zur Predigt an dem Gedenktag für die Toten des Krieges verbunden war.[23] – Noch bedeutsamer war die Teilnahme an der Gründungsversammlung des Ökumenischen Rates der Kirchen 1948 in Amsterdam, wo ihm die schwierige Aufgabe der Diskussionsleitung in der wichtigen Sektion I übertragen wurde, in der – unter engagierter Mitarbeit namhafter Theologen aus aller Welt[24] – formuliert werden sollte, was die Einheit der im Ökumenischen Rat verbundenen Kirchen trotz ihrer offenkundigen Unterschiede ausmacht. Dieser Aufgabe entledigte sich Lilje mit Bravour; er wurde daraufhin in das Zentralkomitee des neuen Ökumenischen Rates gewählt. – Daß es ihm gelang, die Zweite Vollversammlung des Lutherischen Weltbundes für 1952 nach Hannover einzuladen, war ein weiterer persönlicher Erfolg. Es war eine der ersten internationalen Konferenzen im Nachkriegsdeutschland. In Hannover wurde er dann für fünf Jahre zum Präsidenten des Lutherischen Weltbundes gewählt. In dieser Eigenschaft hatte er 1957 die Dritte Vollversammlung in Minneapolis/USA zu leiten, was er mit Charme und souveräner Beherrschung der amerikanischen Verfahrensregeln tat. – 1961 wurde er Mitglied im Exekutivkomitee des Ökumenischen Rates der Kirchen und von 1968 bis 1975 einer der sechs Präsidenten dieses Rates, eine Art ökumenisches Altenteil, aber auch eine Anerkennung für einen der Pioniere der ökumenischen Bewegung.

Lilje kam auf seinem Weg in die Ökumene der Nachkriegszeit zugute, daß er durch die Mitarbeit in der christlichen Studentenbewegung in Deutschland und der Welt bereits in jungen Jahren eine Personenkenntnis und eine Gewandtheit erreicht hatte, über die kaum jemand sonst in Deutschland verfügte. Seine – für die damalige Zeit außergewöhnlichen – Sprachkenntnisse erleichterten ihm den Umgang mit Kirchenleuten aus aller Welt. Und sein Weg durch das „finstere Tal" verlieh ihm Glaubwürdigkeit.

Bei seinen ökumenischen Aktivitäten vergaß Lilje nie die Situation zu Hause. So versuchte er den vor allem bei den amerikanischen Lutheranern entwickelten Gedanken der „stewardship" – des ehrenamtlichen Einsatzes von Zeit, Geld, Erfahrung und Kraft für die Kirche auf gemeindlicher und übergemeindlicher Ebene – in seiner Landeskirche heimisch zu machen, indem er den amerikanischen Pastor Carl Mau (den späteren Generalsekretär des Lutherischen Weltbundes) von 1950 bis 1957 in die Landeskirche holte. Er sorgte auch dafür, daß eine ganze Reihe hannoverscher Theologen in ökumenische Aufgabenfelder berufen wurde. Er selbst verwendete viel Zeit und Kraft darauf, die Pastorenschaft und die Gemeinden an den Entwicklungen in der Ökumene teilhaben zu lassen. Dazu dienten ihm die Bischofsberichte vor der Landessynode und bei Generalkonventen der Pastoren ebenso wie Gemeindevorträge und Rundbriefe. So wurden Fenster und Türen weit geöffnet, damit nach der stickigen Atmosphäre der NS-Zeit frische Luft hereinströmen konnte.

Die ökumenischen Ämter führten zu vielen und weiten Reisen über den ganzen Erdball – was Lilje auch manchen Neid eingebracht hat. Ein besonderes Verhältnis entwickelte er jedoch zu den USA, insbesondere den Lutheranern dort. Viele Hochschulen verliehen ihm einen „Ehrendoktor",[25] die Ehrenpromotion war ein Mittel, um ihn als prominenten Redner beim Abschluß des akademischen Jahres zu gewinnen, oft auch als Prediger bei besonderen Anlässen. Allmählich wurde er von den US-Lutheranern fast als einer der Ihren angesehen, und er fühlte sich ausgesprochen wohl unter ihnen.

Liljes Weg in der Landeskirche

Als Hanns Lilje 1947 endlich zum Landesbischof gewählt war, hatte er das Amt erlangt, zu dem er sich berufen fühlte. „Jedenfalls habe ich nicht gezögert zu glauben, daß ich hier einen Auftrag hatte. Dieser Gedanke ist mir, je intensiver ich die landeskirchliche Arbeit wieder kennenlernte, um so gewisser gewesen."[26]

Im Rückblick rühmt Lilje immer wieder die besonderen Möglichkeiten des Neuanfangs in jenen Jahren: „... es ging um die Aufgeschlossenheit für die neuen Möglichkeiten, die Bereitschaft, unkonventionelle Wege zu gehen, und freilich auch die Fähigkeit, die sich herausschälenden Probleme rasch zu erfassen und ihnen sachgemäß auch in der organisatorischen Neuordnung der Kirche zu begegnen."[27] Die Situation bot ihm Chancen, die er entschlossen nutzte. Die Innovationen prägten das Bild der Landeskirche. Er selbst war nicht in allem der Initiator; aber er war bereit, zündende Ideen aufzugreifen und sich zu eigen zu machen. Er konnte sich auf einen Stab von guten Mitarbeitern verlassen, in seiner Bischofskanzlei, im Landeskirchenamt, unter den Landessuperintendenten und unter den vielen, die in der Kirche Initiative zeigten und Verantwortung übernahmen. Ihm war eine besondere Autorität zugewachsen, von seinem bischöflichen Amt her, mehr aber noch aus seinem persönlichen Sendungbewußtsein und seinem internationalen Renommee. Er kümmerte sich nicht um die Details – die überließ er den dafür Zuständigen –, sondern um die große Linie. Und die war seit seiner Haft festgelegt: Es galt, die Menschen in Kirche und Öffentlichkeit auf die entscheidende Bedeutung des Evangeliums hinzuweisen und so zu neuer Orientierung zu helfen. Von diesem

Ziel waren die vielfältigen Initiativen seiner ersten Amtsjahre bestimmt.

Lilje verstand sich vor allem als Botschafter Gottes, als Prediger und Vortragsredner, wie schon in den Berliner Jahren. Unermüdlich war er dafür unterwegs, bei festlichen Anlässen oder bei großen Kirchentreffen, ab 1949 regelmäßig bei den Deutschen Evangelischen Kirchentagen. Viele nahmen sich seine Predigtweise zum Vorbild, bis in die Gestik und in charakteristische Formulierungen hinein. Seine Vorträge hatten – wegen seiner Begabung, große Menschenmengen anzusprechen, aber auch wegen seiner Fähigkeit, komplizierte Fragen einleuchtend zu beantworten – großen Zulauf. Hunderte, ja Tausende von Zuhörern waren fast die Regel. Er traf auf eine erwartungsvolle Grundstimmung in einer Bevölkerung, die nach Hilfen für die Orientierung in einer im Umbruch befindlichen Welt suchte. Er wandte sich an bestimmte Berufsgruppen – wie Lehrer, Bauern, Unternehmer – oder allgemein an die Kirchenmitglieder. Die Themen seiner Vorträge reichten dementsprechend von „Grundfragen evangelischer Erziehung" über „Die Kirche in der Welt der Arbeit", „Unternehmer in Staat und Gesellschaft", „Lebensfragen der deutschen Bauern heute" bis hin zu „Möglichkeiten eines Christenlebens in der Gegenwart", „Der Sputnik und der liebe Gott" und „Der Christ im planetarischen Zeitalter". Sein Wort hatte Gewicht, und es half den Menschen, ihr Leben und ihre Lebensprobleme im Lichte der christlichen Botschaft zu verstehen.

Seit 1950 entwickelte er die Arbeitsform der „Kirchlichen Wochen", bei denen er mit einem Team engagierter Mitarbeiter – darunter regelmäßig auch Frauen – eine bestimmte Region besuchte, auch außerhalb des Gebiets der eigenen Landeskirche. Dazu gehörten Gottesdienste, Vorträge und Gemeindeabende, Gespräche mit Gruppen unterschiedlicher Gesellschaftsschichten, Besuche in Fabriken, Schulen und ähnlichen Einrichtungen. Durch die Übertragung der Teamarbeit auf diesen Bereich wurde dies eine besonders intensive Form der Volksmission, die viele Menschen beeindruckte, weil die Kirche hier ihre Mauern hinter sich ließ und auf die Menschen zuging.

Nach und nach entwickelte sich Loccum – wo Lilje nach dem Tode von Marahrens 1950 als Johannes XI. Abt des Klosters wurde – zu einem kirchlichen Zentrum. Die Evangelische Akademie wurde nach ihrer Verlegung nach Loccum weiter ausgebaut; weitere Einrichtungen – wie das Pastoralkolleg und das Katechetische Amt (später Religionspädagogisches Institut) – folgten. Alle diese Einrichtungen förderten die Umstellung der Kirche auf die moderne Zeit und ihre Verbindungen zur Gesellschaft. Mit ihrer oft zitierten Regel „Hier kann jeder alles sagen" ermutigte besonders die Akademie Loccum zu einem freien, sachbezogenen Gespräch und übte es zugleich ein. So wurde sie zu einem wichtigen Beitrag zur Herausbildung einer demokratischen Gesellschaft. Fast legendäre Berühmtheit erreichten die Journalistentagungen der Akademie unter Leitung des Landesbischofs. Aber auch die Wirkung der Akademietagungen auf Wirtschaft und Arbeitswelt und auf die politisch führenden Kräfte war beachtlich.

Wichtig war Lilje die Neugestaltung des Verhältnisses der Kirche zu den in der Gesellschaft wirkenden Kräften. Das Verhältnis zur Lehrerschaft war seit alters belastet gewesen durch die geistliche Schulaufsicht, die die Lehrer als demütigend empfanden und deren Wiederkehr sie fürchteten. Lilje unterstützte – auch durch viele Vorträge und Gesprächsangebote – die Bemühungen, die Beziehungen zwischen Schule und Kirche auf eine neue, partnerschaftliche Grundlage zu stellen. Durch den Verzicht auf die Einführung evangelischer Bekenntnisschulen wurde zwar in Kauf genommen, daß der formale Einfluß der Kirche zurückging, aber man hoffte auf ein positives Miteinander in der Zukunft. – Das Verhältnis zum Staat und zu den Kommunen war belastet durch eine Vielzahl alter, aber oft nicht mehr plausibler kirchlicher Rechte. Gleichzeitig verfügten Staat und Kommunen noch über zahlreiche Aufsichts- und Kontrollrechte über die Kirche. Im „Loccumer Vertrag" zwischen den evangelischen Kirchen und dem Land Niedersachsen wurde 1955 eine geordnete Ablösung dieser Rechtstitel zugunsten eines partnerschaftlichen Verhältnisses vereinbart.

Auf publizistischem Gebiet besaß Lilje zweifellos besondere Gaben. In seiner Generation war er der Kirchenmann, der die Bedeutung der Massenmedien am tiefsten erkannte und der am effektivsten mit ihnen umgehen konnte – als Gesprächspartner bei Interviews, als Prediger und Redner in Rundfunk und Fernsehen, als Verfasser von journalistischen Beiträgen und von Aufsatzbänden. Auf seine Initiative geht die Gründung des „Sonntagsblatts" 1948 zurück, das er herausgab und für das er kompetente Mitarbeiter gewann. Binnen weniger Jahre stellte es eine gewichtige Stimme im liberalkonservativen Spektrum dar. Viele Leser nahmen vor allem Liljes Beiträge als die Stimme der evangelischen Kirche und identifizierten das Blatt – als „Liljes Sonntagsblatt" – stark mit seiner Person. – Im Lutherischen Weltbund engagierte er sich stark für die Errichtung des Rundfunksenders „Stimme des Evangeliums" in Addis Abeba, der durch seine täglichen Sendungen das Luthertum in Afrika nachhaltig stärkte, später aber der äthiopischen Revolution zum Opfer fiel.

Ausklang

Hanns Lilje ist durchaus nicht auf allen Gebieten erfolgreich gewesen. In der Evangelischen Kirche in Deutschland (EKD) gehörte er zwar seit ihrer Gründung deren Rat an, von 1949 bis 1967 war er dessen stellvertretender Vorsitzender – aber er verstrickte sich dort je länger desto mehr in den innerkirchlichen Auseinandersetzungen um „Wiederbewaffnung", „Atomwaffen", „Militärseelsorge" und den Vietnamkrieg. Nachdem ihm von seiten der DDR erfolgreich das Prädikat „NATO-Bischof" angehängt worden war, wurde es vollends klar, daß er den Vorsitz im Rat – und damit die Repräsentation der gesamten EKD – nicht mehr erreichen konnte.

Auch das Verhältnis zur Universitätstheologie blieb unterkühlt, ebenso wie das zur katholischen Kirche. Zur Jugend hatte er solange Zugang, als er als Motor der Öffnung der Kirche zur Gesellschaft hin erschien. Kritisch ist auch anzumerken, daß Lilje – obwohl selbst ein Opfer der NS-Zeit – sich in den letzten Jahren nur noch wenig der Fragen um die deutsche Schuld am Zweiten Weltkrieg und besonders am jüdischen Volk annahm.

Seit den Auseinandersetzungen über den Vietnamkrieg und die Forderungen der Studentenbewegung zeigte es sich, daß er den Kontakt zur Jugend verlor. Eine schwere Erkrankung Ende der sechziger Jahre tat ein übriges. Er nahm danach zwar noch einmal seinen Dienst auf, doch der Elan früherer Jahre war dahin. Zum 31. August 1971 trat er in den Ruhestand. – Die Jahre des Ruhestandes verbrachte er in Hannover, mit der Arbeit an seinen „Memorabilia" beschäftigt, immer seltener trat er in der Öffentlichkeit auf, berichtete aber gern im privaten Kreis über seine Erfahrungen. Er starb am 6. Januar 1977 und wurde auf dem Friedhof bei der Loccumer Stiftskirche beigesetzt.

Bei seinen jüngeren Zeitgenossen blieb Hanns Lilje in Erinnerung wegen seiner Neigung zu klerikaler Prachtentfaltung. Aus seiner Sicht war dies Teil einer bewußten Öffentlichkeitswirkung in einer Gesellschaft, die auf Bilder und Medien am leichtesten anzusprechen war; es verstärkte aber bei vielen eher bilderkritischen Protestanten die Distanz zu ihm, zumal bei den Jüngeren. Das dadurch vermittelte Bild wird seiner Leistung nicht gerecht, weil sie diese von der Spätzeit her beurteilt, in der Lilje nicht mehr so selbstironisch mit seiner Wirkung umgehen konnte wie in jüngeren Jahren. Seine Glanzzeit waren die späten vierziger und die fünfziger Jahre. In diesen Jahren gab er aus der Erfahrung des „finstern Tals" heraus vielfältige Impulse für eine Erneuerung der Kirche und ihrer Bedeutung für die Gesamtgesellschaft. Er hat dadurch dazu beigetragen, daß seine Kirche sich in die moderne demokratische Gesellschaft hineinfand und an deren Ausprägung mitarbeitete. In diesen Jahren war Hanns Lilje ein Glücksfall für seine Kirche und sein Land.

Arnulf H. Baumann

Anmerkungen

[1] Die in Klammern angegebenen Seitenzahlen beziehen sich auf die vorliegende Schrift Liljes.

[2] Auch die heute oft gegen Lilje angeführte Veröffentlichung „Der Krieg als geistige Leistung“, Berlin 1941 (= Furche-Schriften 26), sieht die persönliche Bewährung als wesentliches Moment des Kriegserlebnisses.

[3] Vgl. Eberhard Bethge: Dietrich Bonhoeffer. Eine Biographie, München [3]1967, 1099 S.

[4] Hanns Lilje: Luther. Anbruch und Krise der Neuzeit, Stein/Nürnberg 1946. – Auch dieses Buch erreichte mehrere Auflagen und wurde ins Englische und Norwegische übersetzt. Lilje erwähnt die Möglichkeit zur Abfassung dieses Manuskripts im „finstern Tal“ an keiner Stelle.

[5] Palombini lebte in Bückeburg; die Beerdigung war am 5. 1. 1977; Lilje starb einen Tag später.

[6] Lilje, Luther (wie Anm. 4) S. 225f.

[7] Ebd., S. 228. Es handelt sich um die Schlußsätze des Buches. Daraus auch das folgende Zitat.

[8] Ebd., S. 175f.– Daraus auch das folgende Zitat.

[9] Der Begriff „Demokratie“ gehörte in jenen Jahren durchaus noch nicht zu den allgemein anerkannten und bejahten Selbstbezeichnungen.

[10] Ebd., S. 183.

[11] Ebd., S. 196–202.

[12] Hanns Lilje: Memorabilia. Schwerpunkte eines Lebens, Stein/Nürnberg 1973, S. 50f.

[13] Vgl. Gerhard Besier: „Selbstreinigung“ unter britischer Besatzungsherrschaft. Die Ev.-luth. Landeskirche Hannovers und ihr Landesbischof Marahrens 1945–1947, Göttingen 1986, passim.

[14] Sie fand sich in einem Zimmer im ebenfalls kriegszerstörten Henriettenstift, das als Wohn-, Schlaf- und auch Büroraum diente.

[15] Lilje, Memorabilia (wie Anm. 12), S. 33–39.

[16] Vgl. Gerhard Besier/Gerhard Sauter: Wie Christen ihre Schuld bekennen. Die Stuttgarter Erklärung 1945, Göttingen 1985.

[17] Vgl. Besier, Selbstreinigung (wie Anm. 13), S. 151ff.

[18] Ebd., S. 263f.: Vermerk über das Gespräch eines Besatzungsvertreters mit Lilje am 12. 3. 1946. – Hierher gehört auch der Teil der „Anrede an den Leser“, der „meinem alten Bischof, weil er mich im Gefängnis besucht hat und ich darum seiner nach dem Herrenwort Matth. 25,36 gedenken muß,“ gewidmet ist (Im finstern Tal, S. 29).

[19] Besier, Selbstreinigung (wie Anm. 13), S. 201f.; 221f., 228ff. u. ö.

[20] Lilje, Memorabilia (wie Anm. 12), S. 45; zum ganzen Vorgang vgl. ebd. S. 42ff.

[21] Vgl. Johannes Doehring: Der Anfang und die Anfänge, in: Hans Storck (Hg.): Mut zur Verständigung. Fünfundzwanzig Jahre Evangelische Akademie in Loccum, Göttingen, 1977, S. 11–45; Rulf Jürgen Treidel: Evangelische Kirche und Politische Kultur im Nachkriegsdeutschland. Bemerkungen zum Engagement der Evangelischen Akademie Hermannsburg/Loccum in Arbeitswelt und Presse, in: Jahrbuch der Gesellschaft für Niedersächsische Kirchengeschichte 91, 1993, S. 189–209.

[22] Vgl. Jens Holger Schjörring: Lund 1947. Die erste Vollversammlung des Lutherischen Weltbundes; in: Ders. u. a. (Hg.): Vom Weltbund zur Gemeinschaft. Geschichte des Lutherischen Weltbundes 1947-1997, Hannover 1997, S. 303f.

[23] Lilje wählte als Predigttext den gleichen Abschnitt, mit dem er auch die „Anrede an den Leser" im „finstern Tal" (S. 9) geschlossen hatte. Vgl. Memorabilia (wie Anm. 12), S. 28ff.

[24] Darunter war auch Karl Barth als Sachverständiger.

[25] Vgl. die Aufstellung bei Ronald Uden: Hanns Lilje. Bischof der Öffentlichkeit, Hannover 1998, S. 130 Anm. 45.

[26] Lilje, Memorabilia (wie Anm. 12), S. 51.

[27] Ebd., S. 63.

Nachwort des Herausgebers

Hanns Liljes hundertster Geburtstag war der Anlaß für die Herausgabe des vorliegenden Buches. Noch unter dem Eindruck des Erlebten, also nicht durch spätere Erfahrungen umgeprägt und abgeschliffen schildert Lilje eindrücklich die Möglichkeiten einer christlichen Lebensführung in einer Endzeitgesellschaft, genauer: in einer Gesellschaft, die trotz ständigen Terrors allmählich zerfiel. Der heutige Leser kann sich über viele Aspekte des deutschen Alltags jener Jahre wohl unterrichten, aber nur wenig über die Wahrnehmung der Haftbedingungen durch einen kirchlich engagierten Deutschen, der lange Zeit nicht zu den erklärten Gegnern des nationalsozialistischen Deutschlands gehörte, auch wenn er schon früh einzelne Aspekte der NS-Herrschaft kritisiert hatte. Für die Zeitgenossen, die das Buch 1947 kauften und lasen, war wohl weniger das Authentische des Berichts von Interesse, sie hatten ja selber genügend Erfahrungen mit dem nationalsozialistischen System. Eindrücklicher war für sie, wie der Autor seine religiöse Identität in Gebet und Reflexion festhalten konnte und so die Kraft des Glaubens im Bombenkrieg und in den Schrecken der Haft erfuhr. Lilje stellte das Erlebte in einen sinnvollen Zusammenhang. Das Christentum, das diesen Sinnzusammenhang darstellte, hatten die Nationalsozialisten zerstören wollen. Dem hatte sich Lilje widersetzt, noch in der Haft. So verstand er sich zu Recht als Widerstandskämpfer. Die Verbindung von Erlebnis und Reflexion in diesem Bericht sprach offensichtlich viele Leser an, jedenfalls verkaufte sich das Buch gut und wurde bald ins Amerikanische, Englische und Finnische übersetzt. Binnen zweier Jahre erlebte es eine Auflage von 50 000 Exemplaren; neben der Bildmonographie über Martin Luther, die 1964 erschien, ist das Buch „Im finstern Tal" Liljes erfolgreichste Veröffentlichung.

Heutigen Lesern stehen Gestalt und Leistung Hanns Liljes nicht mehr selbstverständlich vor Augen. So war es sinnvoll, Liljes Biographie und Wirksamkeit knapp zu skizzieren. Dankenswerterweise waren Arnulf Baumann, Horst Hirschler und Harry Oelke bereit, ihr Wissen zur Verfügung zu stellen. Ergänzt werden die Texte durch einige Fotos. Dabei haben die Bilder ihren eigenen Quellenwert. So verdeutlicht das Konfirmandenbild des Jahres 1943 die ‚Normalität' der volkskirchlichen Arbeit in dieser Zeit. Die für Propagandazwecke geschossenen Fotos der Angeklagten vor dem Volksgerichtshof 1944/45 lassen durchaus die Persönlichkeit erkennen, die sich da jeweils verteidigte. Der Zug der Pastoren durch die Trümmerwüste des Jahres 1947 weist auf die Bedingungen hin, unter denen Lilje als Bischof eingeführt wurde. Sieht man Lilje auf dem Festwagen während der Vollversammlung des Lutherischen Weltbundes 1957, so wird seine Unbefangenheit gegenüber amerikanischem ‚lifestyle' ohne weiteres deutlich.

Den Leihgebern der Fotos, allen voran Eggo und Ortrud Hafermann, geb. Lilje, gebührt herzlicher Dank für ihre Bereitschaft, die Fotos zur Verfügung zu stellen. Dank zu sagen ist ferner den Institutionen, die durch ihre Zuschüsse die vorliegende Publikation erst ermöglichten: der Calenberg-Grubenhagenschen Landschaft Hannover, der Hanns-Lilje-Stiftung und der VGH Landschaftliche Brandkasse Hannover.

Die Neuauflage von Hanns Liljes „Im finstern Tal" am Ende des 20. Jahrhunderts erinnert an die Gefährdungen des Christentums in diesem Jahrhundert – aber nicht nur daran, sondern auch an Menschen, die unter diesen Bedingungen die Botschaft von Gottes gnädigem Geleit weitergaben.

Hans Otte

Ausflug der Apostelkirchengemeinde, ca. 1903: Hanns Lilje als jüngster Teilnehmer, vorn. Teilnehmer sind auch Liljes Mutter (4. von rechts, Ehefrau des Diakons Theodor L.) und sein künftiger Schwiegervater Eduard Fehly (hintere Reihe [stehend], 11. von rechts)

Lilje als hannoverscher Studentenpfarrer mit einer Studentengruppe im Deister, 1925

Lilje mit dem Freund Reinhold von Thadden-Trieglaff vor dem Hospiz der Deutsch-christlichen Studentenvereinigung in Bad Saarow, 1933

Generalsekretär des Lutherischen Weltkonvents, New York, Oktober 1936

Mit Ehefrau Erna geb. Fehly vor dem Hospiz der Deutsch-christlichen Studentenvereinigung in Bad Saarow, 1937

Teilnehmer an der Konferenz des Christlichen Studentenweltbundes, Wouldschoten (NL), 1938
1. Reihe: 12. v. r.: W. Visser t' Hooft; 11. v. r.: Kronprinzessin Juliane; 2. Reihe: 8. v. r.: Lilje

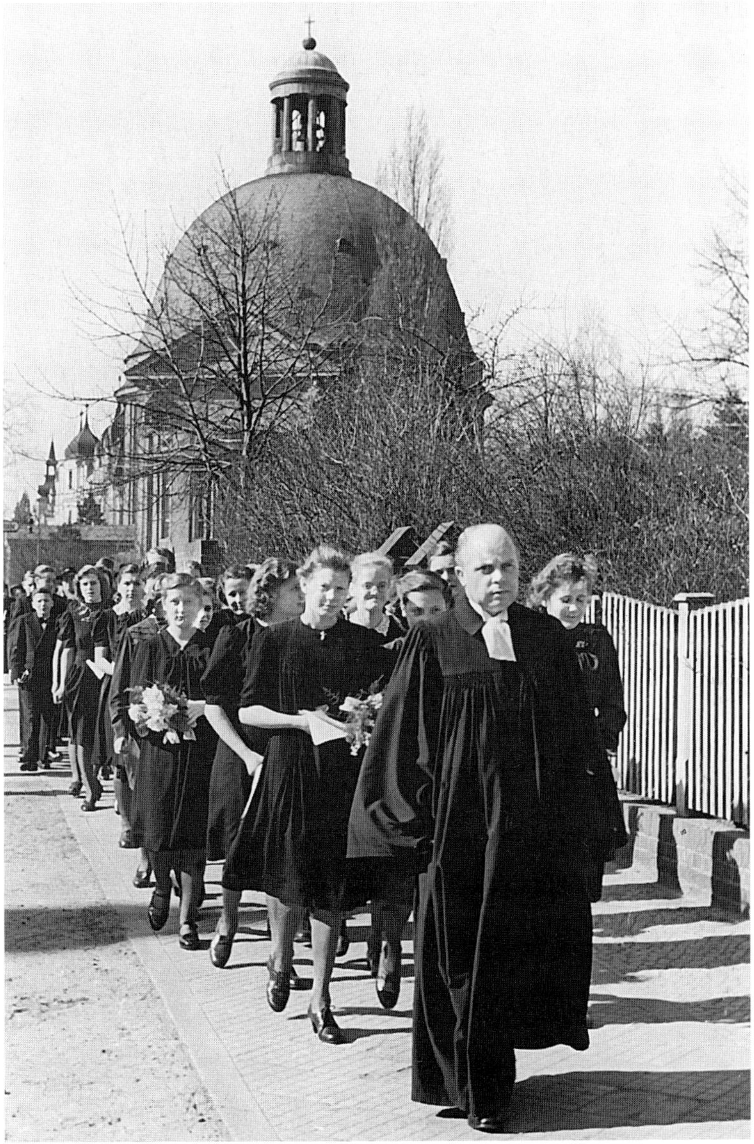

Mit den Konfirmanden auf dem Weg zur Konfirmation in der Johanneskirche Berlin-Zehlendorf, 1943

DIE HAFT

Zellengefängnis Berlin, Lehrter Straße, 1939

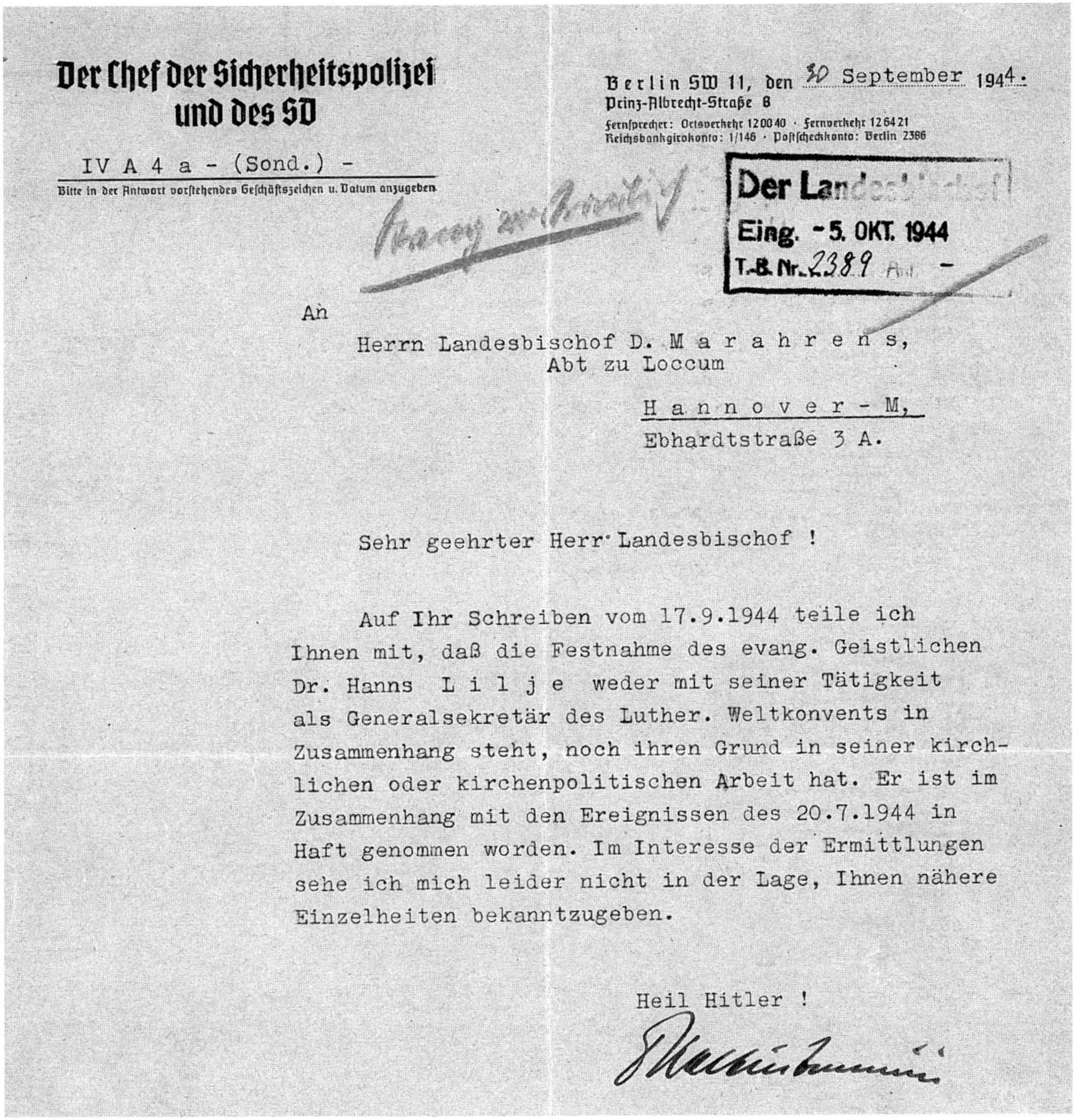

Der Chef der Sicherheitspolizei und des SD

IV A 4 a - (Sond.) -

Bitte in der Antwort vorstehendes Geschäftszeichen u. Datum anzugeben

Berlin SW 11, den 30 September 1944.
Prinz-Albrecht-Straße 8
Fernsprecher: Ortsverkehr 120040 · Fernverkehr 126421
Reichsbankgirokonto: 1/146 · Postscheckkonto: Berlin 2386

Der Lan
Eing. - 5. OKT. 1944
T.-B. Nr. 2389

An

Herrn Landesbischof D. M a r a h r e n s,
Abt zu Loccum

H a n n o v e r - M,
Ebhardtstraße 3 A.

Sehr geehrter Herr Landesbischof !

Auf Ihr Schreiben vom 17.9.1944 teile ich Ihnen mit, daß die Festnahme des evang. Geistlichen Dr. Hanns L i l j e weder mit seiner Tätigkeit als Generalsekretär des Luther. Weltkonvents in Zusammenhang steht, noch ihren Grund in seiner kirchlichen oder kirchenpolitischen Arbeit hat. Er ist im Zusammenhang mit den Ereignissen des 20.7.1944 in Haft genommen worden. Im Interesse der Ermittlungen sehe ich mich leider nicht in der Lage, Ihnen nähere Einzelheiten bekanntzugeben.

Heil Hitler !

Schreiben Dr. Kaltenbrunner an Landesbischof Marahrens, 30. September 1944

Vor dem Volksgerichtshof, Berlin, Januar 1945

Helmuth James Graf von Moltke vor dem Volksgerichtshof, Berlin, Januar 1945

Carl Friedrich Goerdeler vor dem Volksgerichtshof, Berlin, Januar 1945

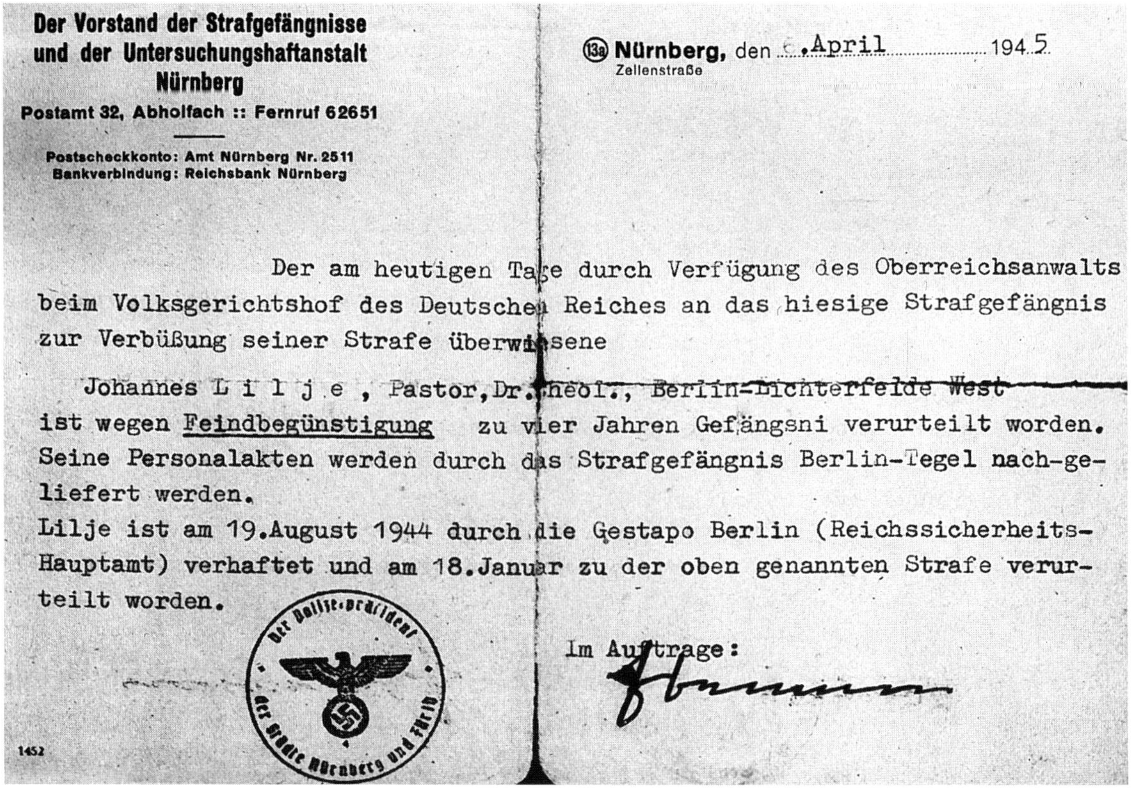

Der Vorstand der Strafgefängnisse und der Untersuchungshaftanstalt Nürnberg
Postamt 32, Abholfach :: Fernruf 62651

Postscheckkonto: Amt Nürnberg Nr. 2511
Bankverbindung: Reichsbank Nürnberg

(13a) Nürnberg, den 6.April 1945
Zellenstraße

Der am heutigen Tage durch Verfügung des Oberreichsanwalts beim Volksgerichtshof des Deutschen Reiches an das hiesige Strafgefängnis zur Verbüßung seiner Strafe überwiesene

Johannes L i l j e , Pastor,Dr.~~theol., Berlin-Lichterfelde West~~
ist wegen Feindbegünstigung zu vier Jahren Gefängsni verurteilt worden. Seine Personalakten werden durch das Strafgefängnis Berlin-Tegel nach-geliefert werden.
Lilje ist am 19.August 1944 durch die Gestapo Berlin (Reichssicherheits-Hauptamt) verhaftet und am 18.Januar zu der oben genannten Strafe verurteilt worden.

Der Polizeipräsident der Städte Nürnberg und Fürth

Im Auftrage:

1452

Überstellung Liljes an das Strafgefängnis Nürnberg, 6. April 1945

IM BISCHOFSAMT

Pastoren auf dem Weg zur Einführung des Landesbischofs in der Marktkirchenruine Hannover, 28. Mai 1947

Auf dem Weg zur Einführung als Landesbischof
Hinter Lilje (v. l.): Landessuperintendent Feltrup, Landesbischof Marahrens, Oberlandeskirchenrat Mahrenholz

Fürbitte für den neuen Landesbischof (auch im Bild: Ministerpräsident Kopf rechts hinter Landessuperintendent Feltrup), Hannover, 28. Mai 1947

Einführung als Abt des Klosters Loccum, 1950

Unterzeichnung des „Loccumer Vertrags": Austausch der Vertragsexemplare mit Ministerpräsident Kopf, 19. März 1955

Ansprache bei Besichtigung der Olympia-Werke Wilhelmshaven, 1961

Redner auf der Kundgebung des Gesamtverbands der Inneren Mission, Waldbühne Berlin, 9. September 1956

ÖKUMENE

Begrüßung als Präsident des Lutherischen Weltbundes vor Eröffnung der Vollversammlung in Minneapolis, 1957

Gespräch mit Außenministerin Golda Meir, Jerusalem, 1958

Signierstunde der amerikanischen Ausgabe des Buchs „Im finstern Tal“, Miami, 1961

Teilnahme an der Sitzung des Exekutivkomitees des Ökumenischen Rats, Odessa, Februar 1964

Autoren und Herausgeber

Arnulf H. Baumann D. Min.,
geb. 1932, war zunächst Pfarrer in Hannover, von 1961 bis 1967 Referent im Landeskirchenamt, von 1971 bis 1976 in der Kanzlei des Landesbischofs tätig und von 1976 bis 1997 Leiter des Diakonischen Werks Wolfsburg. Er lebt im Ruhestand in Wolfsburg.

Dr. theol. h. c. Horst Hirschler,
geb. 1933, war zunächst Pfarrer im Landesjugendpfarramt, dann in Lüneburg, von 1970 bis 1977 Konventual-Studiendirektor in Loccum, anschließend Landessupterintendent in Göttingen. Von 1988 bis 1999 war er Landesbischof in Hannover.

Dr. theol. Harry Oelke,
geb. 1957, ist Privatdozent für Kirchengeschichte an der Theologischen Fakultät der Christian-Albrechts-Universität zu Kiel, er hat sich mit der Veröffentlichung „Hanns Lilje – ein Lutheraner in der Weimarer Republik und im Kirchenkampf" habilitiert.

Dr. theol. Hans Otte,
geb. 1950, leitet seit 1981 das Landeskirchliche Archiv Hannover.

Die Taschenbuch-Ausgabe
Vielfach nachgedruckt und übersetzt - lieferbar beim Lutherischen Verlagshaus
Hanns Lilje
IM FINSTERN TAL
Rechenschaft einer Haft
Lutherhaus Verlag
Hanns Lilje
Im Finstern Tal
Rechenschaft einer Haft
128 Seiten, Broschur, 2 s/w-Fotos
DM 16,80/öS 123,00/sFr 16,00
ISBN 3-7859-0709-5
Aus dem Inhalt: Der Weg ins Dunkel, Verhöre, Nächte, Gesegnete Agonie, Volksgericht.
LVH
Lutherisches Verlagshaus GmbH
Knochenhauerstraße 38/40
30159 Hannover